津軽のイタコ

笹森建英 著

錦正社

目次

凡　例

一　イタコの氏名には、巫女（いたこ）を付した。例：「笠井キヨ巫女」。
一　本文中に指摘した氏名の敬称は省略した。
一　脚注は章ごとにまとめて記した。
一　引用・参考文献は全て巻末に統一して、五十音順に掲載した。
一　本文中での引用・参考文献名は、文末に（著者又は編者又は筆者、出版年：該当ページ）を表記した。
一　年記は元号年（西暦）を原則とした。
一　図版（楽譜、表、図、写真）は番号を付し、該当ページに掲載した。

津軽のイタコ

序

イタコの調査を筆者が研究仲間と共に始めたのが昭和五十四年（一九七九）からであり、それに基づく報告書が文化庁文化財保護部によって『巫女の習俗Ⅱ』（昭和六十一年〈一九八六〉）として刊行された。調査で調査委員たちが行った録音を『津軽のイタコの経文・祭文』（CD四枚）として平成二十四年（二〇一二）に青森県民俗文化財等保存活用委員会が編集・出版した。録音は真正の伝承が途絶える危惧に対する配慮であった。この二点が現在入手できる客観的な津軽のイタコ巫業の実態を知る資料である。

近年のイタコに関する著書、TV報道、新聞記事などを見ると、不確かな情報や事実と異なる記述が多いのに気づく。それは恐山での巫業の盛況と衰退、ほとんどのイタコの死亡と後継者の不在が主な原因と考えられる。

学問的な先行研究や断片的な報告があるものの、津軽に特化した著書で信頼できるものが少ない。また、全てのイタコが調査されてはおらず、伝承されているすべての巫業内容を記している報告もない。津軽以外の類似の霊能者に関しても実際の調査・研究の数は限られていた。報告書にしても、依頼者を分析検討する観点が欠落し、依頼者からのイタコへの視点も無視されている調査がほとんどである。依頼者との相互関係を無視して巫業の実態は解明されないと思う。

本書の内容は、筆者が関わった調査体験に基づき、客観的・即物的な記述とすべく努力したが、巫業の理解のために、また現状を明確にするためにも、過去の歴史的な記述と、他地域の先行研究をも参考にした。報告書を作成した時期に文化庁はシリーズとして他県の『巫女の習俗』四巻を刊行している。青森県のものが、他県に比して経文、祭文の書き起こし文、音楽的要素の分析が多かったのは、調査員に音楽家が多かったためである(1)。本書の内容は主としてこの報告書の内容に基づいている。

報告書のスタイルに依らず、また、個々の調査録音の書き起こし記録でなく、一般の読者のために著したのが本書である。

章の順序について述べる。最初の第一章を「口寄せ」にした。人々がイタコに対していだくイメージはまず「口寄せ」である。しかも人々は死後の世界へ関心を強く持つ。口寄せによってイタコが語る冥界、ホトケ（死者の霊）の口説きの容態を把握する。明治期までの歴史によって醸成された民間の宗教習俗であるため、現代の価値観からするとそぐわないものがあろう。

特にジェンダー、地獄観にそれを感じるが、当時の習俗を知るためにそのままに記述した。そのうえで、イタコを網羅的に理解するために、語源や、霊能者としての特質などを明らかにすべく、順を追って章立てをした。イタコは口寄せ以外にも色々の巫業を行い、それに付随する祝福経文や祈祷祓の経文、物語性の強い祭文などを伝承している。祈祷祓はあまり知られていない。最後に、全てを総括して宗教の観点からイタコの巫業、習俗の意義を論ずる。読者の関心事に従ってページを繰っても理解できるように配慮した。

註

（1）イタコの習俗が無形文化財として一九七九年に国の選択を受けてから、報告書を以下の成員で作成した。外崎純一（青森県教育庁文化課主事）をコディネーターとして、笹森建英（弘前大学教育学部音楽科助教授）、工藤健一（青森県民族音楽研究会）、宮治陽子（青森県民族音楽研究会、ピアニスト）、肥田野恵里（青森県民族音楽研究会、マリンバ奏者）、成田敏（青森県郷土館研究員）、昆政明（青森県郷土館学芸員）、北川達男（青森県教育庁総務課主事）。なお、記した役職は当時のものである。

第一章　口寄せ

はじめに

「口寄せ」はイタコが行う他界と現世との交流儀礼である。死に口《しくち》（死んだ人の霊との交流）、生き口（生きている人の霊との交流）、ハナコ（死んだ子供の霊との交流）の三形態がある。一定のプロセスがあり、それぞれの霊によって降ろし方、経文の種類に違いがあるためである。いずれも死霊を呼び寄せ、身に憑けて語らしめ、依頼者と対話を行う。改めて説明すると、物故者の霊を語らしめる「死に口」に対して、生存している人の霊を身に憑けて語るのを「生き口」として区別し、その霊を呼ぶために唱える経文は異なる。幼くして死んだ霊も概念上は死に口として良いのであるが、経文が異なるので「ハナコ呼び」としている。

死に口（死んだ人の霊との交流）

イタコの生命観の特色であるが、この世とあの世は連続継続して断絶していない。死と生も繋がった時間に在る。死は次元の異なった虚無の観念でない。経文の内容からすると、地獄極楽はこの世をモデルにしているだろう。生老病死は人間の避けられない事実でありながら、人々はそれから逃れようとして来た。そして、その解決の一つが生と死の連続性である。依頼者とホトケは対話をする。その信憑性については第十章で論じる。

口寄せプロセスは笠井キヨ巫女の「死に口」事例によると、まず場を設営してから、次の事項が続く。これが基本的構造であると思われる。

（一）神寄せ
（二）地獄：虫、獣、鳥、塚、幼きもの、三途の川、浄玻璃の鏡、職業地獄、女性の墜ちる地獄
（三）極楽：ホトケ呼び・道行
（四）口説き：ホトケの陳述、依頼者との会話

（五）ホトケ送り

（六）神送り

前後の準備と後始末を数えると、八過程である。

（一）神寄せ

いずれのイタコも口寄せを依頼されると、まず神寄せの経文から唱える。定型として定められていると思われる。神々を、巫儀が行われる場所に請じ入れ、そこに顕在していると経文は述べる。

その意義を解釈すると、イタコが神々の力によって、もしくは神々に守られて死後の世界に行くとの観念が背景にあろう。

弓を叩きながら、以下の事柄を唱える。一の弓から三の弓によってよろずの神々を請じ入れる。次いで弓の名称を唱え、請じ入れられた神々の名を、寄り着く弓の本弭、中弭、末弭によって述べる。なお、筆者の調査では弓を持たず、数珠を擦りながら唱える事例が多かった。

この形式は伝統的なものである事が『嬉遊笑覧』が指摘する例からも判る。『嬉遊笑覧』の「義残後覚」に、身なりの悪い女が、弓を仰山に打ち鳴らしながら、神仏の名前を片言で述べ、死んだ人の言づてだと嘘がましい事を、まことしやかに哀れげに言い聞かせる、と記されている。

はしたなき女来たりて、ことごとしくゆみの弦うちそそのかし、かけまくもかたじけなき神仏のおほん名のみ多くかたことまじりにいひちらし、その其亡者のことづてとてさまざまのうそがましきことどもを、まことしくもあはれげにいひ聞ゆれば（早川、一九七九：三巻、三四〇）

この引用文によっても、口寄せの冒頭に弓を叩きながら、神仏の名を読み上げる習わしが昔からあった事が分かる。

『嬉遊笑覧』の例ばかりでなく、人はむずかしい目的を果たす前に、神々の力を願う。古くは『出雲風土記』に、娘を鰐に殺された父親・猪麻呂が仇討ちするに際して、神々を呼び寄せている様子が描写されている。

天つ神千五百萬、地つ祇千五百萬、並びに当の國に静り坐す三百九十九の社、及海若等、大神の和魂は静りて、荒魂は皆悉に猪麻呂が乞む所に依り給へ。神々は猪麻呂が祈る場所に寄りついて、彼は鰐を殺し得た。鰐の腹を割くと娘の脛がでて来た。（武田、一九九七：八七）

笠井キヨ巫女の口寄せ経文では、始めに、そこが地獄への道であるとは明言しないものの、進んで行くうちに判明する。そこで詠唱される内容と類似の経文を、八戸地区のイタコが唱えた「地獄探し」として、独立させて郷土歴家・小井川潤次郎は記述している。その最後に、東方から南方、西方、北方、中央の方角の亡者に語りかけて、依頼者が求めている亡者であれば会って下さいと唱えている。

東方には心ざしの亡者ましますか　ましますならば今夜の口寄せ口事《くじ》に会い給いや

亡者すなわちホトケを地獄で探しているのがわかる（小井川、一九七七：一一六）。この「地獄探し」の全文を詠唱するように著者が依頼した八戸市の松田広子巫女は、「返信でこの経文は三十五日目の法要が済んでから、身内や法要に来てくれた人たちにきかせると述べている。岩手県二戸地方でも死後三十五日のホトケを降ろし、残された問題を相談し解決するのに「地獄さがし」を唱えた習慣があった。次項では、経文で指摘される事象を初めに考察し、その後に地獄絵によって補足する。

（二）地獄

ホトケ・死者の霊をこの世に呼ぶのに、先ず地獄を探すのである。冗談に「人は死ぬと皆地獄に行く、極楽には知人がいなくて寂しいだろうから、私も地獄に行く」と笑わせる者がいる。この世には悪人が多いであろうが、正しい行いをしなさいと説くという教化が目的であろう。

人が犯す罪の種類によって墜ちる地獄が定まっているのがこの経文で分かる。以下で記す引用文は、特に指摘しない限り、笠井キヨ巫女の唱えたものであり、全文は巻末に「補遺」としてあげた。

虫、獣、鳥

イタコの経文中に「輪廻転生」の指摘がこの地獄探しの経文以外にないが、輪廻転生の観念があるのが明らかである。生き変わり死に変わる輪廻転生の観念は、魂の不死性を前提にしている。その考えに従うと、人は虫や鳥になるのかもしれない、生前に虫や鳥を無為に殺したためである。命あるものを慈しむ心は誰しもが持ち、「生類憐みの令」を出した徳川綱吉の心がわからないでもない。経文は先ず虫の数々を列挙する。

虫の数は五万五千である。ツノ虫、カワ虫、ケショウ虫、ヌカ虫、ケ虫、タブラン虫、マツ虫、スズ虫等々である。これをイタコは招き寄せるのである。

悟った僧侶は蚊も叩きつぶさないという。腕に止まった蚊の腹が赤くなるのを見てから、「満腹しただろう、飛んで行きなさい」と、息を掛けて逃がす。檀家の或る者が蚊に転生しているかも知れないのだ。

鳥の数は七千七百八である。クジャク、カシワノ鳥、ツル、コウノ鳥、ウズラ、ウグイス、ツグミ、ツバクラ、ウルワシトンド、ヒバリ、シジュウガラ、アワ鳥、ヒ鳥、スズメである。

身は鳥とこそ申し聞く、神や仏の憐れむとて、人の手飼いになりたまえ

右記のように唱えるのは、来世で鳥になったにしても手飼いの鳥になることを願うからである。死後に身体は鳥になっている、せめて現世の人に愛玩される「手飼の鳥」になってくれればよいということである。

塚

地獄には塚が二つあり、一つ目には阿弥陀如来、二つ目の塚には娑婆と冥途を往復するホトトギスがいる。ホトトギスは此岸と彼岸を行き交う鳥であると信じられ、昔話にもしばしば登場する。この世と冥土の連続性を象徴するのがホトトギスである。

ホトトギス　まこと冥土の鳥ならば　箱根の山とて山もある。紫いろのかずもある。三途川とて川もある。その川の親不孝なる鳥が住む

親不孝者がもし鳥になったらどんな鳥になっているだろうか。キツツキである。

親不孝鳥は三途の川の波にずぶ濡れになり羽を広げることができない。足はジャイヤ（意味不明）に閉じられ、頭は氷に詰められている。春になり、氷が解ければ飛び立つことができるのだろうか。東を向いては父を拝み、西を向いては母を拝む。南を向いては寺を拝み、北を向

いては南無阿弥陀仏を唱える。

昔話では、キツツキとスズメは姉妹であった。親の危篤の知らせに、スズメはすぐ駆け付けたが、キツツキは着替えをし、ゆっくり化粧して行ったので、親はすでに亡くなっていた。不孝者のキツツキはスズメのように五穀を食べることが許されず、樹をつつき虫を探し食さなければならなくなった(1)。お歯黒も途中に、野良着で駆け付けるのか、表面の虚飾にうつつを抜かすのか、前世の行いによって報いは異なると教えている。イタコの伝承ではキツツキを「寺つつき」ともいう。「ケラつつき」の訛りであろうか。

根城するゑ巫女が唱える《神寄せ》の一部に、次の描写がある。

てらつつきと申す鳥は　親の最後に逢わん鳥にてましますか（小井川、一九七七：一一四）。

青森県の民俗芸能の一つ「鶏舞」の《三国》では次のようにうたう。

親に不孝であった鳥は、羽を波に畳まれ、嘴を氷に詰められ、眼は霞に掛けられている。春になれば富士の山に舞い上がれるだろう。朝日に向かって父を拝み、夕日に向かって母を拝む（青森県教育委員会、一九七七：六六）。

後生を願うのなら、親に孝を尽くすことであるという。「後生」とは「今生」に対する語であり、死後の生存、また極楽に生まれて安楽を得ることである。

此岸と彼岸を飛び交うホトトギスが見たのは、親不孝鳥であり、親不孝は地獄で体を動かせないほどの罰をうける。ここで示されたのは、祖先、我、子孫という生命の連続性、その倫理として孝であった。「身体髪膚これを父母に受く、敢えて毀傷せざるは孝の始めなり。名を立て道を行い、名を後世に揚げ、以て父母を顕彰すは、孝の終わりなり」（『孝経』）。これは人間に共通する教えであろう。

幼きもの

幼い子供たちへの口寄せを「ハナコ呼び」としてイタコは口寄せの経文とは別に伝承している。ここの経文では単に「幼き者」として年齢を数え、「一つや二つの幼きものよ、三つや四つの幼きものよ、（中略）九つ十までの幼きものよ　賽の河原へ請じまいらせさぶろうぞや」と、十歳までの子供が賽の河原に行くと唱えている。

三途の川

三途の川は、此岸（現世）と彼岸（あの世）を分ける境目にあるとされる川である。三途は仏典に由来し、餓鬼道・畜生道・地獄道を意味する。彼岸へ行くには、川を渡らなければならないとする神話はオリエントからギリシャにまで広く見られるものである。日本の、三途の川の伝承には民間信仰が多分に混じっている。一説には、三途の名の由来は、渡河の方法に三種類あったためであるともいわれる。すなわち、善人は金銀七宝で作られた橋を渡り、軽い罪人は山水瀬と呼ばれる浅瀬を渡り、重い罪人は強深瀬と呼ばれる難所を渡るとされていた。根城するゑ巫女の経文では、川には大蛇が住み、飲み込もうとするとある。また、剣も逆さまに流れて来て、なかなか渡りきれない。罪深い人はモミジの葉のような手を合わせて、越えさせて下さい、渡して下さいと拝むのである。その視覚的にイメージは鮮烈である。罪人は冥土に行く途中にさえ苛まれるのである。

青森県むつ市の霊場恐山の宇曽利山湖から流出する正津川を別名で三途川と呼ぶ。海に流れ込む河口の岸に優婆寺があり、寺宝の奪衣婆の像は有名である。

浄玻璃の鏡

『平家物語』に以下の記述がある。

罪人を、業《ごう》の秤に掛け、浄玻璃の鏡にむけ責める、「冥土にて娑婆世界の罪人を、或は業にはかりにかけ、或は浄頗梨の鏡に引向けて、罪の軽重にまかせつつ、阿房羅刹が呵責す」。

この鏡は人がその前に立てば、犯したどんな悪行も映し出す。笠井キヨ巫女が唱える経文では、全ての人に鏡がむけられるのではなく、罪を犯さなかった者には浄玻璃の鏡も外されるの

図１　浄玻璃の鏡

である。

津軽の画家・五鳳の絵では午頭の鬼が二人の亡者を後ろ手に縛り鏡に向かわせている（図1参照）。

職業地獄

従事した職業によって堕ちる地獄が割り当てられている。紺屋、鉢屋、蝋屋、鍛冶屋などの地獄であり、生業自体に罪が含まれているとみなす。根城するゑ巫女の《地獄探し》では笠井キヨ巫女の

ものとは異なる職業を指摘している。小鍋焼きである。

小鍋焼きの地獄で　もののあわれをとどめたり　紺屋の地獄で　もののあわれをとどめたり（小井川、一九七七：一一七）。

江戸時代の身分制度にあって、身分の上下、貴賤があったことは本書の第三章で述べる。江戸時代末に津軽の文人が書いた『俗談筝話』に「筋目悪しき人」として指摘されているのは二十八種類の職業であった。

女性の墜ちる地獄

イタコが語る地獄の内容は『往生要集』（平安時代の往生に関する仏書）よりも『血盆経』（血の穢れのために地獄へ墜ちたる女性を救済する経典）に近い。血盆経は別名『女人血盆経』、正確には『仏説大蔵正教血盆経』と言い、「地蔵本願経」の飲血地獄をもとに中国で作られ、我が国古代の禅僧がさらに偽作したといわれる。「爾時目連尊者昔日往到羽州追陽縣見一血盆池地獄」で始まる四百二十字の経典である。

記述には次の凄惨な表現もみられる。血を喫するように責められ、鉄棒で打たれる。女人は産に際し血露を下し地神を汚すためだとしている。出産以外でも女性たる故の罪悪感、精神的苦痛がある。その罪を、倫理として断罪しても、許して救う事を仏教、神道は本義としない。それは、男性が管理する宗教であったからだろう。イタコ自身が女性であり、依頼者の多くが女性であったため女性特有な悩みが問題にされるのである。封建時代における社会的役割としてのジェンダー観は現代では問題があるものの、本書ではそのままに記述する。女性の堕ちる地獄としてイタコが語るのは、「空女」、「水子堕し」、「石女」、「血の池地獄」である。これらについては第十章で詳述する。因果応報、罪の償いの場を語るものの、最終的には「後世の舟」で血の池から救い上げ、舟を極楽へと棹さす。

イタコへの依頼者として男性が多ければ『往生要集』から、集合地獄、大焦熱地獄などを引用して語ったであろう。女人成仏（女人往生）や変成男子《へんじょうなんし》などの難しい思想を経ずとも、「救われる」と述べるイタコの言葉はありがたい。変成男子を説明する。女性には五障があるので、仏になれない。男性に変じて成仏するのである。『法華経提婆品』などにある思想である。

後世《ごせ》の舟

絶望の世界から光の極楽へ向かう舟の存在に感動して筆者は作曲した。第四〇回音楽展で演奏した曲《後世の舟》を聞いた画家・水尻季子は、そのイメージを水墨画にして筆者に贈呈した（図2参照）。暗い夜の池に一条の光が伸び、空には月が浮かんでいる。暗黒の絶望にも一艘の小舟が光に向かって進んで行く。

貴重な思想なので、他の経文にどのように語られているかを以下に検証する。高松啓吉の『巫俗と他界観の民俗学的研究』に、発音は異なるものの、二例ある。大湊の五十嵐ハル子巫女のホトケ降ろしに「主のない仏ならば、野がら山がらゴザ（御座）能勢で」とある。大畑町の立石雪江巫女の口寄せにも「主のない仏ならば、きょう山から　ござ（御座）をのせで、招じまいらせ、さぶろうぞ」とある（高松、一九九三：一八八）。立石巫女の説明によると、「主ある」とは寺にいるホトケであり、「主のない」ホトケは山野にいて祀られていない死者たちである。

図２　水墨画　後世の舟（水尻季子画）

遺族が墓を立てるなどして守られているホトケと、遺棄され祀られていないホトケがある。沖縄で筆者が調査した時、墓所の端に石だけ置いて目印にしていた箇所があったので訳を訊くと、生前に不行跡で一族の面汚しだった者を埋葬した、と聞いた。この様に祀られなかったホトケですら、後世の舟は救うのである。

単に「ゴセ」と前後の脈絡無く語るもの、「ゴゼン」と鼻音「ン」が付加されている例などがある。意味不明だが、『イタコ中村タケ』（中村タケを記録する会、二〇一三：一三三）に「にいやんなのごぜ　とうごのごぜ　尾張熱田羅　はらはばき」の語が〈神送り〉の経文中にある。

長者の娘が馬と天竺へ行く時も、ゴ

ジュイの船（筆者註：後世の舟ヵ）に乗ると詠ずる例がある。「五色の雲に　ゴジュイの船さ乗りそめて、天竺へ上がったや」（文化庁、一九八六：一七二）。

「オシラ祭文」では長者の娘が馬の皮に包まれて飛び去る。しかし、五所川原付近で採録された祭文では、皮に包まれた後に、ごぜんの舟に乗り、天竺へ行くと詠じている。「千だん栗毛の皮に包まれて天竺に飛び越えだ。見るより五色の雲でごぜんの舟さ飛び越えだ」（小井川、一九七七：八三）。この引用文は、小井川によると奥田順藏が採録したものである。オシラ祭文では大畑町の立石雪江巫女の詠唱に「千段栗毛の顔現れて五色のお船に乗り込んで、天竺にと昇り給えば」がある（笹森、一九九二A：八七五）。天空では舟が五色の雲に囲まれているのである。同じ〈ごぜんの船〉が歌われているのが、桜庭するゑ巫女の《十六ぜん様》である。民俗学者・今井冨士雄と竹内長雄が昭和六年（一九三一）に採集した「十六ぜん様」の祭文でも「五色の雲　ごぜんの船で」の歌詞がある（青森県史編さん民俗部会、二〇一四：五二四）。今井と竹内については第八章の「岩木山一代記」で、後述する。

このように救いが暗示されて、笠井キヨ巫女が唱える地獄巡りは終わり、極楽へと向かう。

なお、笠井キヨ巫女が一九八五年に詠唱した経文を、「補遺」として、その全文を本書の末尾に記録した。本文では脚注として、それぞれの部分を章ごとに記したが、全文の醸し出す雰囲気がこれによって感じることができよう。補遺を作成するに当たって、意味不明な語句が多くあったが、前後の意味から判読して書き起こした。

(三) 極楽・ホトケ呼び・道行

プロセスとしては、イタコが極楽にまで行って、ホトケを見出し、この世に帰るのだが、調査した四名の巫女の詠唱を検討すると一様ではない。依頼者が口寄せを頼むと、イタコは必ず何月何日に亡くなったホトケ様ですかと確認する。葛西サナ巫女だけが、まずホトケの確認を唱え、「誰の道呼ぶや、八日のホトケの道呼ぶや」であった。それ以外の者にはホトケを確認するフレーズが道行きの中に混在している。これを整理すると左記の如くなる。

葛西サナ巫女は、1　ホトケを呼び、2　極楽を描写し、3　道行となる。

笠井キヨ巫女、山本しおり巫女、武山サヨ巫女も、2　極楽を描写し、3　道行となりその中でホトケを確認している。

笠井キヨ巫女が唱える極楽の描写は「極楽のみだの浄土のオイチの枝に何が成や南無阿弥陀仏の六字が成るや」と極めて簡潔である。録音テープで再確認したが「オイチ」または「ホイチ」と聞こえるが意味未詳である。その樹の枝には南無阿弥陀仏の六字の実がなっている。

道　行

極楽から娑婆へ来るときの道行きの経文はホトケの性別、すなわち男性と女性とでは経文が異なる。女性であれば着物の裾を露で濡らし、涙で濡れた袖を絞って訪れ、依頼者に対面する。(2)

笠井巫女の詠唱では「吾が来る道　あわれしみじみよ　裾は露でしょぶつなる袖は涙で打ち絞る。ここは何処よ、ふるさとならば、正月一日のホトケ様呼び申そうや姿に見せてや　降りたる露かんな」と唱える。

武山巫女は次のように唱える「吾がくる道よ　ここは何処よ　ふるさとならば　降りて物そうろうと呼ぶや　一月一日のホトケ様　呼ぶや　姿に見せて降りたつよ」。

(四) 口説き

話し手が自分の思いを切々と語るのを「口説き」と一般に言う。この世に降りてきたホトケの述懐と依頼者の対話の部分を含めて口寄せのプロセスの中で「口説き」としている。「死」が人にとって最期の体験ではないのなら、死に行く様子を死人が語り得るはずだと考

える だろう。イタコの口寄せでは、死者は世を去るときの経験と、その心情を語り伝えるのである。

彼岸や盆の季節には死者が帰るのだが、その季節によらずとも、イタコに依頼すれば、逝った祖父母や両親に会えて、彼らの声を聞くことができる。「口説き」では呼んだ者と、呼ばれた者が対話しつつ、問に答え、その答えに反応し、現実のように両者が語り合う。

現在は、もはや恐山で多くのイタコから、口説きを聞くことができない。しかし一九八〇年代の調査の時点では、二十余名のイタコのテントが並んでいた。傍で聞くことも、録音することも出来た。しかし、そこには倫理的な問題もあった。プライバシーの問題である。ホトケとの対話では、秘めて口に出来ない事柄を、相手が死者であるから語ることもある。無作法に録音する事は慎まなければならず、また研究のためと、録音機をかざす学生たちは怒られたものである。イタコは「録音するとホトケが中に入る。あなたはホトケを送り帰すことが出来ないでしょう」との理由で禁じていた。口寄せの真実は「口説き」にあるので、匿名にして、いくつかを以下に考察する。

多くの口説きを聞き、また書き起こし文を読むと、内容を次のようにまとめることができる。

①ここは何処なのだろうと場所を確認し、②呼び寄せられたことに感謝し、③「顔の対面」を喜ぶ。④依頼者との関係（例えば、親・子、祖父・孫など）を確認、⑤二人が過ごし

た思い出、⑥自分が世を去った時の情況（病、交通事故など）、⑦世を去った時の心情の述懐、⑧残してきた者たち、配偶者などへの思いを述べ、⑨呼んでくれた者の生活への忠告等々である。その間に、依頼者は質問したり、助言を乞うことが可能である。しかし、語る内容が定式化されているので、イタコの神懸かりの信憑性に疑問をいだく者がいる。イギリスの研究者カーメン・ブラッカー（Carman Blacker）の評価は第十章で検討する。

依頼者は、ホトケとの対話で、困りごと、失せ物、旅行の吉凶、病気、治療などの解答を求める。災厄をもたらす異界の霊、狐や石、樹木の霊を憑依して語ることもした。

口説き（死に口）の実例

口説きの実態を次の六事例で述べる。①平田アサ巫女、②青山セツ巫女、③笠井キヨ巫女、④平田アサ巫女、⑤恐山での収録、⑥森勇男の調査。

①平田アサ巫女

ホトケは茂手木潔子氏の母：音楽学の研究仲間である茂手木氏の求めに応じて、筆者は鰺ヶ沢の平田アサ巫女の宅に行き、彼女の母親をおろしてもらった。あの世から来た母は、「私はお前のおかあさんだよ」と語りかけ、「わかる？　わかるでしょう」と確認を何度もしてから、

錦正社 図書案内 ⑥ 新刊

〒162-0041 東京都新宿区早稲田鶴巻町544-6
電話03(5261)2891 FAX03(5261)2892

現代語訳でやさしく読む

「中朝事実」

日本建国の物語

山鹿 素行原著、秋山 智子編訳

尊い国柄を次代に伝える

現代の私たちにも大きな価値を有し、儒教や仏教などの外来思想が入ってくる以前の日本古来の精神を究明し、わが国の国柄を明らかにした『中朝事実』を、やさしい現代語訳で丁寧にひもといていく。

定価3,080円
〔本体2,800円〕
四六判・320頁
令和6年6月発行
9784764601536

大和魂・大和心の語誌的研究

若井 勲夫著

日本人固有の魂・心の本質を見つめなおす

大和魂・大和心は、「魂」・「心」に大和を冠することによって、日本人の精神面・生活面において、どのように意識され、発想され、言語に表されてきたのか。

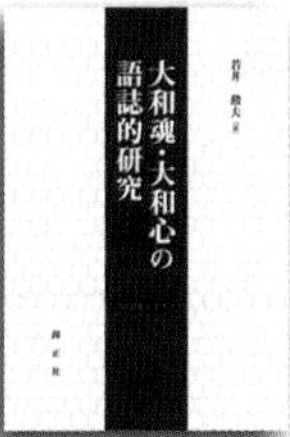

定価5,500円
〔本体5,000円〕
A5判・400頁
令和5年9月発行
9784764601512

伝統芸能と民俗芸能のイコノグラフィー〈図像学〉

児玉 絵里子著

時を超え意匠から鮮やかに蘇える
近世期―珠玉の日本文化論

初期歌舞伎研究を中心に、近世初期の芸能（歌舞伎・能楽・琉球芸能）と絵画・工芸・文芸を縦横に行き来し、日本文化史を図像学の観点から捉えなおす。

定価1,980円
〔本体1,800円〕
四六判・192頁
令和6年8月発行
9784764601543

初期歌舞伎・琉球宮廷舞踊の系譜考

三葉葵紋、枝垂れ桜、藤の花

児玉 絵里子著

数百年の時を超えて今蘇る、初期歌舞伎と近世初期絵画のこころ

初期歌舞伎研究に関わる初の領域横断研究。舞踊図・寛文美人図など近世初期風俗画と桃山百双、あるいは大津絵「藤娘」の画題解釈、元禄見得や若衆歌舞伎「業平踊」の定義などへの再考を促す、実証的研究の成果をまとめた珠玉の一冊。

定価11,000円
〔本体10,000円〕
A5判・526頁
令和4年7月発行
9784764601468

昭和晩期世相戯評

小咄 燗徳利

村尾 次郎著、小村 和年編

令和の今こそ読むべき昭和晩期の世相戯評

昭和五十三年から平成元年の十年にわたり週刊誌『月曜評論』の「声ある声」欄に連載した〝やんちゃ〟談義、全五百三十編のコラムのうち、たまたま耳目を驚かせた時事問題、旅先での経験や身辺の小事など、著者選りすぐりの二百五十八編を収載。洒脱な文章の中に「良き国風を亨け且つ伝える」という著者気概が溢れ、読む者に何とも云えぬ爽快感を与えてくれる。

定価2,420円
〔本体2,200円〕
四六判・288頁
令和5年2月発行
9784764601499

東京大神宮ものがたり

大神宮の一四〇年

藤本 頼生著

神前結婚式創始の神社・東京大神宮の歴史を繙く

神宮司庁東京皇大神宮遥拝殿として創建され、戦前期には広く「日比谷大神宮」「飯田橋大神宮」の名称で崇敬されてきた東京大神宮。伊勢の神宮との深い由緒と歴史的経緯を持ち「東京のお伊勢さま」とも称される東京大神宮の創建から現在までのあゆみを多くの史料や写真をもとに紹介。

定価1,980円
〔本体1,800円〕
四六判・328頁
令和3年12月発行
9784764601451

津軽のイタコ

笹森 建英著

知られざる津軽のイタコの実態をひもとく

津軽のイタコの習俗・口寄せ・口説き・死後の世界・地獄観・音楽・生活など、死者と交流をしてきた彼女たちの巫業や現状とは一体どういうものなのか？ 長きに亘りイタコと関わり、研究を行ってきた著者ならではの視点から、調査体験に基づき多角的に実態を明らかにする。

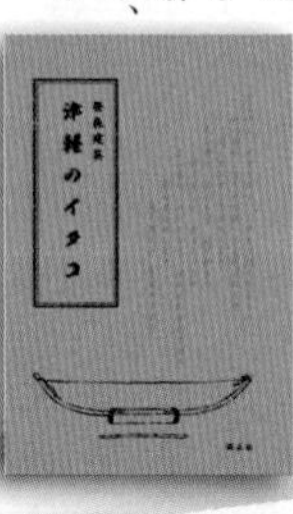

定価3,080円
〔本体2,800円〕
A5判・208頁
令和3年4月発行
9784764601437

好評第3刷

日本語と英語で読む

神道とは何か

小泉八雲のみた神の国、日本

What is Shintō?

Japan, a Country of Gods, as Seen by Lafcadio Hearn

平川祐弘・牧野陽子著

ハーン研究の第一人者である二人の著者が「神道」の核心に迫る

神道とは何か、この問いに小泉八雲を介し、客観的で分かりやすく纏めた一冊。日本文と英文がほぼ同じページ数で左右両側からそれぞれ読み進められるようになっており、日本の神道の宗教的世界観を世界に発信する。

定価1,650円
〔本体1,500円〕
四六判・252頁
平成30年9月発行
9784764601376

先哲を仰ぐ【四訂版】

平泉　澄著　市村　真一編

代表的日本人の心と足跡を識り、その崇高な道を学ぼうという青年に贈る書

平泉澄博士の論稿の中から、①日本の道義を明らかにし実践された先哲の事蹟と精神を解説された論考、②第二次世界大戦前、日本の政治と思想問題に関して平泉澄博士が書かれた御意見、戦後我が国再建のため、精神的支柱を立て、内政外交政策を論じられたもの、③先哲の御遺文の講義、二十一編を収録。今回の四訂版では、「二宮尊徳」の章を追加し、刊行に合わせて書き直した市村真一博士の解説を附して復刊。

※並製本・カバー装の「通常版」のほか、上製本・函入りの「愛蔵本」を数量限定で刊行。

◀〔通常版〕
定価4,950円
〔本体4,500円〕
A5判・並製本・カバー装・588頁
令和3年5月発行
9784764601413

〔愛蔵本〕
定価6,600円
〔本体6,000円〕
A5判・上製本・函入・588頁
令和3年5月発行
9784764601420

水戸学の道統

名越　時正著　《水戸史学選書》

水戸史学会創立五十周年を前に、待望の復刊

「水戸学」は、徳川光圀をはじめとして数多くの先人たちが、われわれの想像も及ばない苦心によって探究し、長い年月の間の錬磨を積み重ね、そして、自分一身の生命を賭けて実践してきたものである。したがって、そこに終始一貫した道統があった。（「まえがき」より抜粋）

定価2,860円
〔本体2,600円〕
B6判・212頁
令和4年7月発行
9784764601475

鹿島神宮と水戸

梶山　孝夫著　《錦正社叢書13》

鹿島神宮と水戸藩の関係に迫る

水戸藩の歴代藩主と家臣が崇敬の誠を捧げてきた鹿島神宮。その鹿島神宮と水戸藩、松尾芭蕉、佐久良東雄との関係に焦点を当てる。光圀研究に、ひいては水戸学における神道の背景を探究する上で必読の書。

定価990円
〔本体900円〕
四六判・121頁
令和6年1月発行
9784764601529

歴史家としての徳川光圀

梶山　孝夫著　《錦正社叢書12》

水戸学の深奥にせまる

徳川光圀を水戸学あるいは水戸史学の創始者としての歴史家という視点から捉え、史家・史書・始原・憧憬・教育の五つのキーワードから水戸学の把握を試みる。

定価990円
〔本体900円〕
四六判・124頁
令和4年8月発行
9784764601482

明治維新と天皇・神社

一五〇年前の天皇と神社政策

藤本　頼生著　《錦正社叢書11》

明治維新期に行われた天皇・神社に関わる種々の改革がどのようなものであったのか

明治維新当初のわずか一年余になされた政策が、近代日本の歩み、現代へと繋がる天皇・神社にかかる諸体制の基盤となっている。

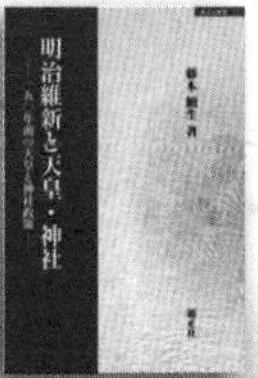

定価990円
〔本体900円〕
四六判・124頁
令和2年2月発行
9784764601406

陸軍航空の形成

軍事組織と新技術の受容

松原　治吉郎著

陸軍航空の草創期を本格的かつ系統的に明らかにした実証研究

「陸軍航空の形成期を鮮やかに浮かび上がらせている。近代日本の軍事史に対する重要な貢献であるとともに、防衛力のあり方を考える上で示唆に富む一冊だ。」——北岡伸一（東京大学名誉教授）

今日的なインプリケーションも多く含む、近代日本の軍事史研究に必読の書。

定価5,940円
〔本体5,400円〕
A5判・432頁
令和5年3月発行
9784764603554

竹内式部と宝暦事件

大貫　大樹著

竹内式部の人物像を明らかにし、宝暦事件の真相に歴史・神学・思想の各視点から迫る総合研究書

竹内式部の人物像・学問思想及び式部門弟の思想的背景を明らかにするとともに、江戸時代を代表する社会的事件である宝暦事件を、歴史・社会・神学・思想の各視点から多角的かつ実証的に真相に迫る。

定価11,000円
〔本体10,000円〕
A5判・556頁
令和5年2月発行
9784764601505

第一次世界大戦と民間人

「武器を持たない兵士」の出現と戦後社会への影響

鍋谷　郁太郎編

「銃後」における民間人の戦争を検証する

「総力戦」といわれる第一次世界大戦を「武器を持たない兵士」としての民間人が、どの様に受け止め、如何に感じ、そして生き抜いていったのか。

ドイツ史、フランス史、イタリア史、ロシア史、ハンガリー史、そして日本史の立場からの研究成果をまとめた論集。

定価4,950円
〔本体4,500円〕
A5判・334頁
令和4年3月発行
9784764603547

日本海軍と東アジア国際政治

中国をめぐる対英米政策と戦略

小磯　隆広著

日本海軍の対英米政策・戦略を繙く

満州事変後から太平洋戦争の開戦に至るまで、日本海軍が東アジア情勢との関係において、英米の動向をいかに認識・観測し、いかなる政策と戦略を講じようとしたのか。

歴史学的検証により、昭和戦前期における日本の対外関係に海軍が果たした役割を解明する。

定価4,620円
〔本体4,200円〕
A5判・320頁
令和2年5月発行
9784764603523

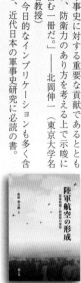

〒162-0041 東京都新宿区早稲田鶴巻町544-6
電話03(5261)2891 FAX03(5261)2892

東京大神宮ものがたり
大神宮の一四〇年

藤本　頼生著

日比谷から飯田橋へ神前結婚式創始の神社・東京大神宮の歴史を繙く

神宮司庁東京皇大神宮遥拝殿として創建され、戦前期には広く「日比谷大神宮」「飯田橋大神宮」の名称で崇敬されてきた東京大神宮。伊勢の神宮との深い由緒と歴史的経緯を持ち「東京のお伊勢さま」とも称される東京大神宮の創建から現在までのあゆみを多くの史料や写真をもとに紹介。

定価1,980円
〔本体1,800円〕
A5判・328頁
令和3年12月発行
9784764601451

神道とは何か 小泉八雲のみた神の国、日本
What is Shintō?
Japan, a Country of Gods, as Seen by Lafcadio Hearn

平川祐弘・牧野陽子著

日本語と英語で「神道」の核心に小泉八雲を介し、迫る

神道は海外からしばしば誤解されてきた。その神道への誤解を解くため、最初の西洋人神道発見者といえる小泉八雲（ラフカディオ・ハーン）を通じて、ハーン研究の第一人者である二人の著者が、日本文と英文で双方から日本の神道の宗教的世界観を明らかにする。

定価1,650円
〔本体1,500円〕
四六判・252頁
平成30年9月発行
9784764601376

即位禮大嘗祭 平成大禮要話

鎌田　純一著

平成の即位礼・大嘗祭を正確に伝える貴重な資料

世界各国、日本全国各地からの祝意の中、厳粛にまた盛大に執り行われた平成の即位礼・大嘗祭に御奉仕した著者が、その盛儀の大要を正確に記し、その真義をわかりやすく解説。誤解にみちた妄説を払拭する。

定価3,080円
〔本体2,800円〕
四六判・320頁
平成15年7月発行
9784764602625

日本人を育てた物語
国定教科書名文集

『日本人を育てた物語』編集委員会編

戦前の国語・修身の国定教科書から心に残る名文を厳選し収録

日本全国津々浦々、戦前の子供たち誰もが読んだ偉人伝や歴史物語など日本人としての心を育てた多くの文章の中から後世に伝えていきたい名文を厳選し収録。戦後忘れかけた日本人としての心を再認識する。

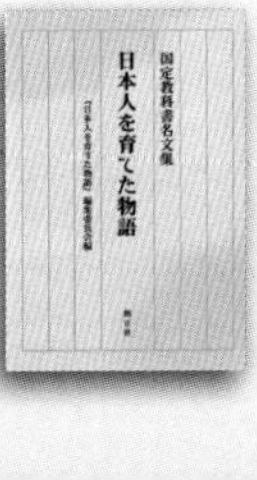

定価2,200円
〔本体2,000円〕
四六判・288頁
平成24年12月発行
9784764602946

台湾と日本人

松井　嘉和編著

台湾に関心を持つ人がぜひ知っておきたい台湾の歴史

今も残る日本統治時代の遺産、台湾近代化に貢献した日本人、日本の領有時代の意義、後藤新平の統治理念、李登輝元総統の言葉に込められた思い、これからの日台関係……歴史から豆知識まで。台湾を知りたい人、必見。

定価2,200円
〔本体2,000円〕
四六判・320頁
平成30年4月発行
9784764601352

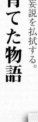

歴史家としての徳川光圀

梶山　孝夫著　《錦正社叢書12》

水戸学の深奥にせまる

徳川光圀を水戸学あるいは水戸史学の創始者としての歴史家という視点から捉え、史家・史書・始原・憧憬・教育の五つのキーワードから水戸学の把握を試みる。

定価990円
〔本体900円〕
四六判・124頁
令和4年8月発行
9784764601482

明治維新と天皇・神社

一五〇年前の天皇と神社政策

藤本　頼生著　《錦正社叢書11》

明治維新期に行われた天皇・神社に関わる種々の改革がどのようなものであったのか

明治維新当初のわずか一年余になされた政策が、近代日本の歩み、現代へと繋がる天皇・神社にかかる諸体制の基盤となっている。

定価990円
〔本体900円〕
四六判・124頁
令和2年2月発行
9784764601406

義公漫筆

梶山　孝夫著　《錦正社叢書10》

謎と多彩さを秘めた義公の人物像に迫る

水戸学の研究において最も重要で好学の大名であり、深い学問と教養を身に付けた人物である義公（徳川光圀）。探っても探りきれない何かを秘めた義公の人物像（人間性）に注目し、多様な文献からその内奥に迫る。

定価990円
〔本体900円〕
四六判・128頁
令和2年2月発行
9784764601390

金沢八景と金沢文庫

梶山　孝夫著　《錦正社叢書9》

金沢文庫と水戸史学の関係を探る

義公は延宝二年に金沢へ渡り鎌倉を訪れ、心越禅師は貞享四年に金沢にて八景詩を詠じ、史臣が金沢文庫において多くの史料を採取し『大日本史』編纂等に活用した。水戸学と少なからぬ関係がある金沢八景に焦点をあてた書。

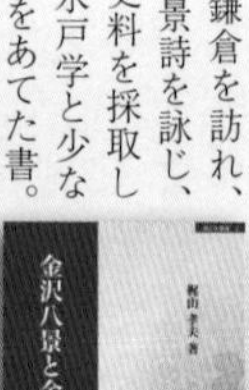

定価990円
〔本体900円〕
四六判・124頁
令和元年5月発行
9784764601383

藤田幽谷のものがたりⅢ

梶山　孝夫著　《錦正社叢書8》

後期水戸学の中心的存在で水戸学の本流：幽谷のさらなる位置付けを試みる

幽谷と翠軒の間柄を縦の関係とすると、青山雲龍とのそれは横の関係といえ、お互いが忌憚のない意見を交換し、切磋琢磨できる間柄にあった。本書は、その関係に注目し、両者を歴史家としての位置づけから考える。

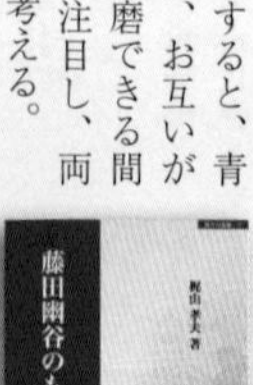

定価990円
〔本体900円〕
四六判・124頁
平成29年11月発行
9784764601338

一般敬語と皇室敬語がわかる本

中澤　伸弘著　《錦正社叢書7》

皇室に対する親愛の情を育て、美しく麗しい国語を守る

二千年以上の間に培ってきた皇室と国民との親愛の情の表れである「皇室敬語」。今、改めて敬語や皇室敬語・皇室用語を学び、その折々に適宜な敬語を使いましょう。

定価990円
〔本体900円〕
四六判・100頁
平成28年7月発行
9784764601277

藤田幽谷のものがたりII

梶山　孝夫著　《錦正社叢書6》

藤田幽谷と立原翠軒の相剋と軋轢の問題を考える

幽谷と翠軒の相剋問題について先学の理解を丹念にたどり両派に関する主要な研究にふれ、後期水戸学を興した藤田幽谷を通し、真の水戸学とは何かに迫る。

定価990円
〔本体900円〕
四六判・128頁
平成27年10月発行
9784764601246

祭神論　神道神学に基づく考察

明治神宮・札幌神社・外宮の祭神

中野　裕三著　《錦正社叢書5》

神社に祀られる御祭神とは何か？

明治神宮・札幌神社という近代に創建された神社と、伊勢の外宮にそれぞれ祀られている御祭神について「神道神学」という視点から客観的・学問的に考察する。

定価880円
〔本体800円〕
四六判・80頁
平成27年4月発行
9784764601215

安積澹泊のものがたり

梶山　孝夫著　《錦正社叢書4》

水戸を代表する儒学者で格さんのモデル・安積澹泊の人物像に迫る

藤田幽谷が著した『修史始末』の安積澹泊に関する記述を中心に、幽谷が澹泊を語るものがたり形式で、幽谷・澹泊の人物像を明らかにする。

定価990円
〔木体900円〕
四六判・128頁
平成27年1月発行
9784764601208

世界の中の神道

佐藤　一伯著　《錦正社叢書3》

近代日本の神道論を分り易く纏めた一冊

第一章では、近代の日本学者：W・G・アストンや新渡戸稲造、加藤玄智らの神道論を紹介。第二章では、明治神宮の御祭神、明治天皇・昭憲皇太后の聖徳のうち、近代の神道の教えとして重要なものを解説。第三章では、明治神宮、靖国神社、護国神社、御嶽山御嶽神明社などを中心に述る。

定価990円
〔本体900円〕
四六判・96頁
平成26年10月発行
9784764601192

日本消滅その防止のために

堀井　純二著　《錦正社叢書2》

〝日本消滅〟をもたらさないために今何をすべきか

祖先が営々と培ってきた日本人の生活・文化……全てに繋がる皇室の存在意義を見つめ直し、そのあり方を問う。皇室典範改正問題に一石を投ずる。

定価880円
〔本体800円〕
四六判・88頁
平成26年2月発行
9784764602991

藤田幽谷のものがたり

梶山　孝夫著　《錦正社叢書1》

藤田東湖、父幽谷を語る

東湖の父である幽谷の学問とその精神を東湖が記した「先考次郎左衛門藤田君行状」をメイン史料に小説形式で書き上げた史的根拠に基づく物語。

定価990円
〔本体900円〕
四六判・112頁
平成26年2月発行
9784764603004

慰霊と顕彰の間

近現代日本の戦死者観をめぐって

國學院大學研究開発推進センター編

慰霊・追悼・顕彰研究の基盤を築くために

近現代日本における戦死者の慰霊・追悼・顕彰をめぐる諸制度や担い手の言説の歴史的変遷について、多彩な分野の研究者たちが多角的かつ冷静な視点から論究する。

定価3,520円
〔本体3,200円〕
A5判・328頁
平成20年7月発行
9784764602823

霊魂・慰霊・顕彰 死者への記憶装置

國學院大學研究開発推進センター編

戦死者「霊魂・慰霊・顕彰」の基礎的研究

政治的・思想的な対立軸を受けやすい戦没者慰霊に関する諸問題の中で神道的慰霊・顕彰と「怨親平等」思想、近代における戦没者慰霊の場や招魂祭祀、仏教の関与、災害死者との差異など霊魂観の性格に直結する事象を中心に多彩な研究者が思想信条の垣根を越え実証的かつ冷静に論究。

定価3,740円
〔本体3,400円〕
A5判・360頁
平成22年3月発行
9784764602847

招魂と慰霊の系譜

「靖國」の思想を問う

國學院大學研究開発推進センター編

「招魂と慰霊の系譜」を問いなおす

「靖國問題」に代表される近代日本に於ける慰霊・追悼のあり方や招魂・顕彰といった問題に迫る論集。客観的かつ実証的な研究から思想的対立を超えた真の自由な議論を導く。

定価3,740円
〔本体3,400円〕
A5判・352頁
平成25年3月発行
9784764602960

天地十分春風吹き満つ

大正天皇御製詩拝読

西川　泰彦著

「真の大正天皇像」を知る為の本

英邁にして剛健なる、大正天皇の御姿を知りませう。平易な意訳と、懇切な参考欄の説明とに依り、「大正天皇御製詩（漢詩）」の世界に親しみませう。神道文化賞受賞。

定価3,080円
〔本体2,800円〕
A5判・480頁
平成18年4月発行
9784764602700

貞明皇后 その御歌と御詩の世界

『貞明皇后御集』拝読

西川　泰彦著

貞明皇后の御歌と御詩とを拝読し、御坤徳を仰ぎ奉る

御歌の註と、御詩の語釈・意訳・参考の解説により、貞明皇后の美しい御歌と御詩を玩味しませう。「尊きを敬ひ、美しきを称へる、そんな素直な心をあらためて覚えさせて呉れる書である。」（富山縣護國神社 梅野守雄宮司 序文）

定価3,080円
〔本体2,800円〕
A5判・418頁
平成19年10月発行
9784764602793

歴代天皇で読む日本の正史

吉重　丈夫著

歴代天皇毎に皇紀で読む日本の通史

皇紀元年に初代・神武天皇が橿原の地で即位された日本の建国から明治維新に至るまでの日本の正史を『日本書紀』『古事記』等の記述をもとに皇紀で綴る。日本の歴史を歴代天皇毎に、編年体で分り易くまとめた日本の通史。

定価3,960円
〔本体3,600円〕
A5判・656頁
平成27年4月発行
9784764601222

対話をし、依頼者が四人姉妹であることを当て、長女の姉が患っている病気を語り、「お前と違って几帳面すぎたからである。来年の三月が限界であり、治っても口が利けないであろう」と言った。それが的中したのである。

二十年前の事柄を筆者が彼女に確認すると、全くその通りで、「病気の姉は亡くなるまで言葉を話せず、三年前に亡くなった。さらに、依頼者が新潟県の山中で事故を起こした時、崖から落ちなかったのは母が救ったのだ、あの時は大変だった　と母の声で言われたのを思い出す。生涯でこれほど不思議で感銘を受けた体験はなかった」という。

写真１　青山セツ巫女と依頼者のラウシ教授

②青山セツ巫女

ホトケはアンソニー・ラウシ教授の母親：大学の英語教師である彼が、口寄せをしてもらう前に、自分の母についてイタコに説明しようとすると、イタコはその必要がない、「あなたの母親は、自分に会いに来るのが分かって居て、昨夜からここで待っていた」と。(写真１参照)。

③笠井キヨ巫女

ホトケはカルパティ氏の弟：ヤノス・カルパティ氏の両親は、出征した弟の安否を気遣っていた。戦争が済んでも、連絡がなく、息子の生死を亡くなるまで思い煩っていたのであった。霊界の弟は「自分は大きな川の傍で戦死した。天国にいる、もう思い煩わないで」と告げた。ハンガリー人であるカルパティ氏は、ブタペストのリスト音楽院の教授、宗教学者でもあったので確認した。「弟は本当に霊界からここに来たのか、しかも、どうして弟は津軽弁で話すのか」と。笠井キヨ巫女は「人は死ぬと、自分を呼び出す霊能者の言葉で話せる能力を持つのだ」と答えた。彼と、彼の両親の長年の思い煩いへの解答がようやく与えられ、それを彼は信じたのであった。なお、筆者は彼の通訳として笠井キヨ巫女のところに案内した。彼の著書『*TANCA MENNYEI BARLANG ELOTT*』（一九九八）には六頁に亙って、彼がこの時に調査したイタコの写真、採譜、説明が掲載されている。

④平田アサ巫女

ホトケは筆者の母：誤解であったが、「お前の連れ合いの顔を見て安心した、自分はあの世でも位の良い所に居る」と告げて戻った。一緒に調査に行ったのは連れ合いでなく、同僚のT・I教授であった。母は息子の嫁に思いやりがあり、色々と心配していた。それを知っている息子に「安心」を告げたかったのである。

⑤恐山での収録

（1）ホトケは死んで一週間の妻：途方にくれ、恐山の境内を歩き回る男性に著者が出会った。中年の男性は中学生の息子を連れて妻の声を聞かせに来ていたのであった。彼はどのイタコからも口寄せを拒否されていた。死んで一週間にしかなっていなかったからである。彼が私に告げるには「息子に、嘘でもよい、この子に母親の声を聞かせたい。四国からわざわざ来たんだ」。オドオドした少年を連れて、息子に彼の母の声を今一度聞かせたかった願いは、切実であった。妻を失った悲しみに、さらなる悲しみが加わっただろう。嘘でも良かったのだ。イタコは四十九日を経たないホトケは降ろせないのであった。

（2）ホトケは交通事故で死んだ許婚者：ある年の恐山調査でのこと。二十歳代と見られる、うら若い女性。口寄せが済むと、所かまわず大声で泣く。霊場いっぱいに響くほど激しく泣く。人々の視線も構わず泣き続ける。帰りの電車で偶然に隣り合わせ、聞くと「新潟から一人で、不慣れな旅行だったが来た。どうしても、自分のこれからの人生には来なくてはならなかった。婚約者が、結婚式の前に交通事故で死んだ。彼の声を聞かなくては生きていかれない。一人で旅行をしたことがなかったのに、遠い恐山まで来たのです」と。イタコはどんな声を聞かせたのだろうか。優しく、最善の生き方を告げたのだろう。車中で彼女の顔は晴れ晴れとして、口調に明るさを感じた。

⑥森勇男[3]の調査

森勇男の『下北のイタコ物語』には、口説きの書き起こし文がある。

ホトケは交通事故で死んだ息子…対面した両親に、息子は親孝行しなかったことを詫びた。二度目に恐山に来て息子を呼んだ時に、「兄弟をボクだと思って、ボクの物を着たり被ったりして可愛がって下さい」と、いつまでも母に寄り添う息子の気持ちが告げられ、親は、「銀行に入れておいた分は出してきましたよ。貯めていた小さいお金も沢山あったから、今日ここに待ってきましたよ。恐山に供えます」と答えた。（森、一九九一：五三）。息子にしてあげられなかった無念さを、寺への寄進で補おうとしている母。その金額の重さを、思わずにはいられない。

これらの事例から、定型が（口説く内容の主題が）見て取れる。呼んで貰ったことへの感謝、依頼者との関係、死んだ経緯、ホトケの娑婆への思いへの慰撫と供養、依頼者への解答である。

よく当たるイタコ、上手なイタコだと言われる者は、多くの経験をふまえて、直感的に依頼者の反応を読めるのである。芸術家と同じであり、拙い者もいる。そして更に次のことが言えよう。良い依頼者は語られた言葉に秘められた真実を、自分が渇望していた答えを聞き取る。意識の深淵に沈んでいた事柄を、死者の言葉で浮き上がらせ得る。それは埋もれて気づかなかった心の宝石なのだ。

(五) ホトケ送り

口説きを終えるとホトケは、自分を呼んでくれたことを感謝して、戻りますと告げる。呼ばれるのは供養になるので、度々多く呼ばれるのが良いとイタコは言う。

前段の口説きは語り調で述べるが、ホトケ送りでは詠唱調で短い経文を唱える。

「千部・万部の御供養いただいたよりも喜んで帰るや。おいとま申そうや　お茶の道や三千諸仏で送り申そうや」(笠井キヨ)

「いとまを申し戻る　南無阿弥陀仏で急がれる」(山本しおり)

「喜んで戻る　吾が身の寺まで送られ申そうや　送り申そうや」(武山サヨ)

(六) 神送り

神送りの経文を笠井巫女に依頼すると、神寄せと類似の事項を、早口に詠唱した。テンポについて確認すると、急いで帰ってもらうために早く詠唱するとのことであった。葛西サナ巫女も「神寄せ」と類似の事項を詠唱した。二人の詠唱の冒頭と終わりの部分を記す。

「一の弓の先ず打ち鳴らしの始め呼ぶ　この所の神まんで送りとどけて　さぶろとや雨降りもちょうどや、二の弓のね声よんば　この所の神はじめからまでや　送りとどけてやさぶろとや雨降りもちょうどや……神は神の社まで　仏は仏のお寺まで、虫は虫の在所まで　鳥は鳥の在所まで　主あるホトケは中のお寺まで　主ないホトケは野から山からまでや　賽の河原の地蔵様までや　日本六十六ケ国の数のすいさくからまで　送りとどけてさぶろうとや　雨降りもちょうどや」（葛西サナ）

「東方には南方　西方はこうほや　きょうには　太鼓がどんどん　三百六十国にはただこうこう　四百六十国にはけいだんごく　十六の大国　五百の中国　無量のしこさん国……主あるホトケも主ないホトケもごぜんの舟から　乗り落とすな　のりはずすなあや　神は宮々　仏は寺々まで送りとどけ　神送り申そうぞや　神送り申そうぞや」（笠井キヨ）

このように長く詠唱するのは上記の二人以外に調査時にはいなかったが、これが正式だと思われる。一人のホトケの口寄せが二十分・三十分かかったといわれている。

生き口（生きている人の霊との交流）

生き口は生存している人の霊を呼ぶ巫儀である。筆者は笠井キヨ巫女に依頼し、仮に五十五歳の男性を探して貰う経文を唱えてもらった。(4) 夜中十二時過ぎに行うのは、覚醒時であると危険であるからだと言う。

『源平盛衰記』や、謡曲「葵上」などには、人に祟りをなす怨霊を呼びだして祓うことが記されている。

ここで笠井キヨ巫女が例として示してくれた生きた魂は、怨霊の類いではない。生死の不明な者、音信の途絶えた者の魂を、求めに応じて呼び寄せるのである。この経文に定型があるように思える。

出稼ぎに出たまま、音信不通になった夫の不誠実さよりも、安否を気遣い呼び出したい心情に応える。運命が仲を引き裂いてしまった遥かな恋人と、イタコの口を借りてでも、この世を去る前に今ひとたび逢いたい、思いを告げたいと人は思う。こうした人々の心情に応えて、イタコたちは「生き口」を語った。

戦争中はお国のためと、戦地におもむいた夫や息子の安否を聞き、語り合いたいと願う女性が多かった。笠井キヨ巫女は、哀れで切なく、本当に辛い仕事であったと述懐していた。

ハナコ（死んだ子供の霊との交流）

賽の河原は幼くして死亡したものがおちる場所と前述した。幼子を「花」にたとえ愛称の「コ」をつけて呼ぶ。菅江真澄の『奥の浦うら』の『地蔵会』に「あなはかな、わが花と見し孫子よ、かくこそ行きしか」とある。愛するハナと見ていたのに、このように行ってしまったのか、孫を失って切なく嘆く様が書かれている（菅江：二巻〈未来社〉三四六）。では幼いと区分される年齢は何歳までであろうか（笠井巫女の「口寄」による）。

一つや二つの幼き者よ　三つや四つの幼き者よ　五つや六つの幼き者よ　七つ八つの幼き者よ　九つ十までの幼き者よ　賽の河原へ　請じ参らせ候ぞや。アアーイヤー　十や十一の幼き者よ　十三や十四の幼き者よ　十五や十六の幼き者よ　十八二十　二十五　二十

五までの者は　請じ参らせ候ぞや（文化庁、一九八六：三六）。

七歳までが神の子と一般にいわれる。「鶏舞」で歌う《幼子和讃》では、「十よりうちの幼子や　冥土に参りて戻される　娑婆に帰りて戻される　娑婆と冥土の間の瀬に　賽の河原に放されて」と幼子は十歳までだと言う[5]。

七歳までという習慣は古くからあり、七歳未満の小児は無服忌とよび、天台宗では幼児の戒名につける法号を年齢によって以下のように区別している。死産では水子、二、三歳では孩子《がいじ》、十九歳以下では大童子。このように、夭折した子供に対しては特別な対応がなされていた。

川倉の賽の河原で長谷ソワ巫女を取材し、調査員宮治陽子が書き起こした経文を次にあげる。

アアイヤ　アアイヤ　何の花や　蓮の花とは呼ぶや
さいたる花をば　傘に見せる　つぼめし花をば杖とたのむ
二十一日のホトケ様　ハナ道　呼ぶや（文化庁、一九八六：九八）

これに続いて口説きがある。

いよいよ大人の体になる　これから花も咲く　実もなる時が来たと思っている矢先に、あんな突然の、まことに災難を呼んだ。短い寿命だと諦めて呉れろ　親がみ様や。本当に申し訳ない親不孝者だでば。富士の山　三途の川　渡っての事だもの戻る事はできない。馬頭　牛頭に責められて　父のため　母のためといつも花を摘みかさねて苦労している。親を泣かせて悲しませせて申し訳ない。

親が謝らなければならない我が子であるのに、その子は、孝行せずに死んだことを詫びるのである。恨む事も責めることもせず、親のためにと花を摘んでいる。

四苦のひとつ「生」に関わり、わらべ歌の歌詞にむごたらしい嬰児殺しの歌詞があった。人は望まないのに生まれて来た嬰児を、あの世に送る方法を伝統的に伝承して来た。殺さずに「捨て子」とする手段も取られた（木村・笹森、一九九〇：二一〜九）。女子であれば売ることも可能であった。我が子をこのようにしなければならなかった悲しみと慙愧、罪の意識は「祟りモッケ」の俗信を作る(6)。

下北郡の大畑町の立石雪江巫女が歌う《花コ》では、親を慕って娑婆に帰ろうとする、しかし道は行けども行けども果てしない。一つ山を登れば、更なる山がある、二つ登っても別な山がある。一つ山を下れば、また山があるのだ。おぼつかない足取りながら、急ぎ、歩きに歩くのだが　戻る道が分からない　帰る道も分からない。帰りたいのだ。故郷へ、母の元に、ノスタルジーの悲しさが歌われる(7)。

南部と津軽ではイタコの伝承に差異がある。しかし、下北のイタコの伝承は津軽に近似する。文化史的な解釈として、その類似性が、陸路でなく海路による伝播だからと考えられている。

仏教の輪廻思想に従えば、地獄へ堕ちても成人は転生する可能性が残されている。しかしながら、賽の河原の子供たちにはその道さえ無い。

立石雪江巫女の《花コ》では、三千大川《さんぜんだいかわ》を船で越して行く。それは広大な宇宙の果てであるとのイメージをいだかせる。古代インドの世界観で、宇宙を三千大千世界という。大千《だいせん》と大川《だいせん》を連合させた表現であろうか。立石巫女は低い声で、ゆっくり単調に詠唱する。単調な印象を与えるのは、音組織が単純であるからである。これについては、「第九章　音楽」で詳解する。

根城すゑ巫女の《地獄さがし》では、「昼は三度の花の役　夜は三度の花の役」と語る（小井川、一九七七：一一七）。

その花摘みでは、次のような説話もある。盂蘭盆の季節になると、この世に幼子の霊が現れて花を摘むのである。北原白秋作詩、山田耕筰作曲の《曼珠沙華》の歌曲を参照する。

　墓に生えた曼珠沙華を手折りにゴンシャン（お嬢ちゃん）が来ている。何本摘むのだろう、七本、ちょうど、あの児の年の数だ。ゴンシャン　ゴンシャン何故泣くのか　何本摘んでも　不思議や手には七本。「いつまで取っても曼珠沙華　恐や赫しや　まだ七つ」。

生きる筈であった年月を七歳で終わった幼女の手には、摘んでも摘んでも七本しか残らない彼岸花なのである。

ゴミソといわれる霊能者の中で、先祖の犯した罪の報いとして、現在の不幸や病があると説く者がいる。また、水子供養と称して、罪悪感を煽り、浄財と称して経済的負担を強いる新興宗教家がいる。津軽に伝承されてきたイタコの論理にはその種のものはない。賽の河原の悲哀を告げても、守るべき倫理の道を暗示させるにすぎず、むしろ慰めと救いを述べる。

女性にとって、これほどの悲しみはあるだろうか。果てることのない悲哀が母親の心の底にひそんでいる。満たされることなく繰り返す子供の非生産的な行為。その反復が賽の川原の花摘み、石積みに象徴されている。

無限に繰り返される石積みは、ギリシャ神話のシシュポスを思い起こさせる。シシュポスは迎えに来た死の使者タナトスを騙して、土牢に押し込めた。そのため、人々が死ななくなった。後に、タナトスは神々により解放され、「不死」の異常さはなくなった。シシュポスは死後、罰として永久に重い岩を丘の頂上に上げる作業を繰り返す償いを負わされたのである。上げられた岩は必ず底に転げ落ち、果てしない徒労を永遠に繰り返しているのである。日本では中世末期に賽の河原のイメージが出来上がったとされている。

悪業を積んでいない子供たちは地獄へ堕ちず、永遠の時間をそこで過ごしている。その悲惨さを母親は思う。正視できなかった自分の過去、それが記憶に甦えってくる苦しみ。

それでありながらも、そこに救いはあった。地蔵菩薩の慈悲である。「賽の河原の地蔵様に御案内されて　ここで遊ぶ。」母親は、今ここで、我が子を胸に抱きしめたいのである。戻る道も分からん、帰る道も分からん、と泣く我が子、地蔵さま、私に代わって私の子を抱いてください。巫業の中でもっとも優しく、そして悲しくせつない語句になっている（註9と第九章掲載の楽譜「譜5」参照）。

註

（1）此鳥昔は雀と同胞にてありき。母大病にて将に死なむとせし時、何れも招ばれたれば雀は鐵漿をつけかけたるを止めて急ぎ飛て往きたり。啄木鳥は反之燕脂、白粉をつけて往けたれば臨終の間にあはざりけ。されば親孝行の雀は常に米を啄みて食に不自由はなけれど、啄木鳥は朝も暗きうちより木を「がっか、むっか」と啄いて漸く許されたる三匹の蟲をば得るなれ、されば夜になりて、「鳴呼、嘴病めるでや」と鳴くと（内田、一九二九：九）。

（2）親に不孝な鳥住む　羽をば波にたたまれる　嘴をば氷に詰められる　眼は霞にかけられる　早く春は来てくれよかし　冨士のお山に舞い上がる　朝日に向かうて父拝む　夕日に向かうて母拝む　後生願わば親拝む　親にましたる後生ない　石の成仏　南無阿弥陀仏（青森県教育委員会、一九七七：六六）

（3）極楽の弥陀の浄土のおいちの枝に何が成るや　南無阿弥陀仏の六字がなるや
吾が来る道　哀れしみじみ　裾は露でしょぶつなる　袖は涙で打ちしぼる

（4）森勇男：青森県下北郡脇野沢出身。大正四年十一月十日生まれ。満州東安高等女学校教諭。昭和二十一年引き揚げ。東通村助役、教育長。著書『霊山恐山と下北の民俗』等。
『霊場恐山物語』一九八六年には口寄せの書き起こし文が三種記載されている。（一）亡夫を呼ぶ妻、（二）戦死者の霊をよぶ、（三）交通事故の父をよぶ（：一八六―一九二）。

（5）ハーイヤー　なむ神明天照皇大神宮や　岩木の権現　下居の観音　聖観音や　十面観音　九十

寺　百沢　遠くは熊野寺や　音無し川に水増せば　悪魔を流す穏やかに　黄金花咲く所の氏神様に　お神酒・灯明さし上げて　お頼み申そうぞや　氏神様の精力で待ち人尋ねて呼び申そうぞや
歳は五十五歳でその名は誰それ殿　借家借家を尋ね廻る
ハーイヤー　津軽岩木山　高神様にお神酒灯明さし上げる　お頼み申そうぞや　高神様の精力で待ち人尋ねて国回る（文化庁、一九八六：一〇一）。

（5）一つが二つに　三つが四つ　あいし七つに　四つが八つ　十より内の幼子や　冥土にまいりて戻される　娑婆に帰りて戻される　娑婆と冥土のあいの瀬に　賽の川原に放されて　昼の五時ごときは花の役　夜の五時ごときは石の役（青森県教育委員会、一九七七：六五）

（6）後悔は、罰せられる恐怖にも転化する。霊魂のうち、善い魂はニギミタマ・和魂であり、邪悪なのはアラタマ・荒魂である。「遊離魂」となり浮遊し、人に憑いて祟ることができると信じられた。執念深いモノノケには個人ばかりでなく一族、しかもその末代まで禍をなすものもあったと信じられる。津軽方言で言う「タダリモッケ」は家筋で祟られる。松木明は「モッケは嬰児を意味し、堕胎された死霊の祟りは恐ろしく、長いあいだその家に祟りをなす」と『弘前語彙』で解釈する（松木、一九八二：二五二）。

（7）開いた花をば傘にする　蓮華のツボをば手に持たせ　蓮華の茎をば杖に突き　一里あがれば上がり坂　二里あがれば　上がり坂　一里さがれば　下がり坂　二里さがれば　下がり坂　三千大川　船で越す　開いた花をば船にして　蓮華の茎をば綱にして　蓮華の葉をば帆に上げて　あゆげ　あゆげ［歩め　歩め］　とはや急ぐ　戻る道も分からん　帰る道も分からん　賽の河原の地蔵様に御案内されて　ここで遊ぶ（笹森、一九九二A：八七三）。

第二章　名称

はじめに

イタコは盲目の女性宗教者であり、本書では霊能者と呼ぶ。彼女らを「イタコ」と呼んでいる地方は主として、東北の青森県、秋田県である。

梓巫女《あずさみこ》の歴史につながるのであり、主として死者の霊・ホトケと依頼者の対話を仲介する口寄せ巫女として知られる。依頼者は種々の問題の解決をイタコを介してホトケにもとめる。しかし、口寄せばかりでなくそれ以外の宗教儀礼も種々行う。加持祈祷、キツネ憑きの治療、年中行事の祝福、オシラ遊びでの祭文語りなどなどである。また、恐山でのイタコマチで有名である。しかし、恐山の習俗は大正期からであり、それが特に全国的に知られるようになったのは戦後のテレビでの報道による。

イタコを津軽では〈イダコ〉と発音する人が多い。アクセント（音高が強調される音節）は「コ」であり、それも濁音に近く、全くの（gu）ではないが、明るい（cə）ではない。「イ」にしても、「エ（ji）」に近い発音をする者がいる。それしか発音できない人も多い。その発音変化の様態は言語学で明らかにされているように、北東北では「イ」から「エ」に、北関東では「エ」から「イ」へ接近する。

地蔵を「ズゾウ」と発音するので、大学出の友人でも「オズゾーサマ」と書いたりする。その意味で「イダゴ」と津軽で発音されていても、表記は「イタコ」に統一した。柳田國男の初期の記述では「イダコ」と夕を濁音で表記している。昭和二十八年（一九五三）の「稲の生産」（柳田、一九七五：一巻、一九〇）。

語源

これまで考察されてきたイタコの語源に関する仮説が五つあるので、次にあげる。

①斎《いつ》く子《こ》

「イツく」であり、「斎く」すなわち汚れを忌みつくして、清らかに神に仕えるのが原義であるとする。「イツク子」から「イチ子」、そして「市子」と表記されたとの推論であり津軽弁の研究者・鳴海助一もこの説をとる。『嬉遊笑覧』に「イツキの義」という言葉が出てくる。それによると「イツキ」とは神道の儀礼に際し、神楽を奏する者とある。[1]語源が「市子」であり、「イチコ→イタコ」となる。また「イタ→ユタ」となり、それは沖縄の「ユタ」の韻との共通性が指摘される。

「市」は物品を交換、売買する場であり、宗教的な祭場から発展したのだろうと考えられている。人々が集まり交流する場では娯楽や芸能が行われるようになる。また、市の神として市《いち》杵島姫《きしまひめ》が祭られ、その儀礼を司る巫女・「市子」や山伏が祭文を読み上げることもした。その祭文が後世に三味線伴奏の歌になっていった。第八章で再考する。

②神意を委託

神の神意を伝えることを委託された者であるので「委託巫女《いたくみこ》」と呼び、「イタク」が「イタコ」となった。

江戸時代後期の旅行記録家である菅江真澄（宝暦四〜文政十二年〈一七五四〜一八二九〉）は民間

宗教家の記述に当たって、「梓巫女、盲目の巫女、委託巫女」などと紀行文の年月によって名称を変えているので、のちに詳しく検討する。

③依り代としての「板」

板が神降ろしの巫具として用られた例がある。方言の研究者・松木明は此の説をとる（松木、一九八二：四二）。

『萬葉集』の九巻にある弓の歌によって、「神依板」は神を降ろす時に用いる板であり、神がそれに憑依すると上代には考えられていたのが分かる。

神奈備の　神依り板に　する杉の　思ひも過ぎず　恋の繁きに（一七七三番）

「杉」と「思ひも過ぎず」を掛けた恋の歌である。神依板、単に依り板とも言う。神霊を招請するときに叩き鳴らした杉の板で、板自体にも神が依ると見做された。これに類した記述を『源平盛衰記』に読むことができる。「母にて侍りしものは夕霧の板とて」の記述である。金剛力士の母親は「夕霧の巫女」といった。巫女を「御子」と記して、一生不犯の女であったが、「知らざる者」が通って儲けた子供である。五十人力の異常な人間は、人間以外の父から生命を授かったとする説話である。第八章で後述する安寿姫の生誕逸話と同じ発想である。

④イタカ

イタカは供養のために、卒塔婆の板に経文を書き川に流したり、経を唱えたりして銭を貰う乞食坊主であった。民俗学者である柳田國男は明治四十四年の『イタカ』及び『サンカ』の論考で次のように指摘する。

「イタカは半僧半俗の物にて、仏教の民間信仰に據りて生を営む」。「イタカとイチコは語源を同じくする」

と述べている（柳田、一九七五：四巻、四七三）。

⑤イタ＝語る（アイヌ語）

柳田は「イタコはアイヌ語のイタクに出づるなるべし。バチュラー氏語彙に依れば、Itak = to say, acknowledge, to tell とあり」と説明し、アイヌ語の「語る」を語源とする可能性を指摘している（柳田、一九七五：四巻、四七七）。

ただし、「ツス・ツスクル」がイタコに該当するアイヌ語である。ツス、ツスクルの呼称があるのに、ことさらに「イタク」を指摘するのは単に語音の連想でしかないように思われる。

菅江真澄のイタコに対する記述

菅江真澄によるイタコに対する呼称は彼の紀行文によって変化しているので、年次に従って以下に示す。これには当時の人々の呼称や解釈が反映している。

出典は、内田武志・宮本常一訳『菅江真澄遊覧記』［全五巻］（平凡社、一九八〇年刊）、『菅江真澄全集』（未来社、一九九〇年刊）を用いる。

（1）『秋田のかりね』　天明四年（一七八四）

「梓巫女」としている。三尺ばかりの弓を腰につけた年老いた尼が綱をもって、それに掴まって仲間があるいて行くのは梓巫女である（平凡社一巻：八七）。

（2）『小野のふるさと』　天明五年（一七八五）

「眼のみえる梓みこ」としている。梓みこが弓をはじきながら、亡き霊のことばをあたかも傍にでもいるように語る（平凡社一巻：一二四）。

門に立つ盲目の女が左右の手に木の実の黒い数珠のたいそう長い緒の末に獣のきばや爪貝殻などを繋いだのを持ち、ひたすらにすりならして「あなおもしろの」と歌う

（平凡社一巻：一二八）。

（3）『岩手の山』　天明八年（一七八八）六月二十八日

盲巫女＝　振り仮名を「いたこ」とし、「神の移託をするので」と理由付けている。

原文は以下の如くである。

　いたこといふことを、いかにと、誰にとへと、しるはなう。此のものや神おろしをし、いのりかじ、すずのうらとひをし、あるは、なきたまよばひし、みさかをしらすは、神の移《い》託《たく》てふことをや、しか、いたことはいへらんかし（未来社一巻：四三七）。

神おろし、加持祈祷、占い、死者の霊をよびだし、「みさか」すなわち前兆を知らせる、とイタコの巫業内容を記述している。

（4）『すみかの山』　寛政八年（一七九六）五月十五日

薦槌山を過ぎてゆくと座頭石、盲巫女石という盲人夫婦の塚がある（平凡社三巻：一七二）。

早瀬野村　岩屋にオシラ神を祭る「ひめしら、委託巫女が祈りごとをする」（平凡社三巻：一八〇）。解説に「膝の上でおどらせる、もののけを祓う、ホログ、桑で作る」とある（平凡社三巻：一八九）。同書の巻末の解説にはヒメシラ、馬シラ、鳥シラの説明がある（平凡社三巻：三三四）。未来社の版にある六体のオシラ神の図絵は貴重な資料である（未来社三巻：巻頭の写真）。

（5）『雪のもろ滝』 寛政八年（一七九六）十月二十八日

白沢（中津軽郡西目屋村）の馬の神の祠に、鞍の形をしたものがつけられている。いたこ（盲巫女）が牛馬の怪我や病を占って、あがなうためにしたものである。駒の形を刻んだ石に宝歴と号が刻んでいた（平凡社三巻：二三〇）。牛や馬の病気にまでイタコに占いをさせていた。

（6）『しげき山本』 享和二年（一八〇二）二月十日

岩の上には三十三の観音菩薩の石像がある。その岩のくぼみに溜まった水で目を洗うと眼病がなおるといわれていた。その岩屋の奥には獅子頭が収められている。その由来を真澄が尋ねると、樵たちが山仕事をおわってから、獅子頭を作り舞をした、舞い終わってから獅子頭をすてて家に帰った。すると、男たちにもののけがつき、高熱をだしてうわ言をいった。「どうして捨て置いて行ったのか、辛い目にあっている」と。家族がイタコ・盲目の巫女に弓をひいて占わせると、うわ言と同じように語ったので、獅子頭を拾って岩屋におさめると、男たちのもののけは鎮まったのである。それが理由であった（平凡社四巻：四二）。

（7）『すすきの山湯』　享和三年（一八〇三）一月十七日
いたこの女みこたちが、おしら神をほろぎ、年の吉凶をうらなう。「てらし（火事）があるだろうから、氏神を祈りなさい」と言った（平凡社四巻：八三）。

（8）『にえのしがらみ』　享和三年（一八〇三）六月一日
いたこが戸外に立ち、「さながらみうちの御祈祷には（中略）さんざん石は岩となる　苔のむすまで苔の松は、八千代ををかけて君そましょます、やんらめでたや」首にかけた長数珠をすり鳴らして唱える。また別のいたこが「沖の鴎の寄り来るは、こんれも戎のはからひか」と唱えるえびすかじというものである《いたこは移託みこで、よりましのたぐいである。蛭児の神、あるいは事代主の御神に仕え奉る神子をもととして、いたかなどという方言はかわっているが、えびすかじの名もある》（平凡社四巻：一一二）。

（9）『みかべのよろひ』　文化二年（一八〇五）七月十日
草刈りをしていた子供が野らでわらはやみして帰って来たのを「これは馬おこりか無縁おこりか祓いごとしてたんもれや」と、ちょうど幸い門口にきた盲目の巫女をよびいれていた。このいたこみこ（口寄せなどする盲目の巫女）は桶をふせ、弓をうち、神がかりして、この病人の身のうえをありまさに語りだした。そして「真草刈る野辺のわらはやみち遠くすすむ山里に帰り行らん」の歌を書いた紙を渡し、もとどりに結んで寝かせると、わらはやみの神は怖れて遠く追い払われ、治った（平凡社四巻：一二九）。

（10）『男鹿の春風』 文化七年（一八一〇）四月七日

八王子という峰に移託杉、犬子石がある。いたこが女人禁制のこの山に犬をつれて、無理にのぼり、それが化して木となり、石となった（平凡社五巻：七八）。

以上の十種類の遊覧記からは貴重な情報が得られる。イタコの呼び名についてだけでなく、イタコが行う「口寄せ」以外の巫業が多様に記されていることである。記載順に特質を次に要約する。

（1、3）神おろし、加持祈祷、卜占、前兆の予告。

（2）黒い実の数珠を擦りながらホトケが傍にいるかのように語る。

（4）オシラの御神体にヒメシラ、馬シラ、鳥シラの種類があると図解。オシラを操作することを「ほろぐ」と表現、オシラで物の怪を祓うこともした。

（5）牛馬の病気を占い、あがなう。

（6）獅子頭が物の怪となって男たちを苦しめたのをイタコが鎮める。

（7）火事を予告し、氏神を祈ることを勧める。

（8）蛭子かじ、蛭児の神、事代主の神、いたか。
（9）子供の病気治療のために呪文を紙に書いて渡す。桶を伏せてその上に弓をのせて打ち、神懸かりする。
（10）禁制を犯したイタコと犬が移託杉、犬子石に化した。

以上であるが、「口寄せ」以外の事柄が多いのは現代の人々のイタコへのイメージと大きく異なる。

なお、筆者が確認した、「イタコ」と書かれた津軽の文献で最も古いものは『平山日記』（天文十九年〈一五五〇〉～享和三年〈一八〇三〉）であり、手書きの原本の「巫女」の振り仮名にイタコと書かれていた

ここで、他の地方での呼称について述べる。

岩手県の遠野市、北上市では「イタコ」「イダッコ」、岩手県南では「オガミン」「オカミサマ」「オガミヤ」、気仙沼市では「オガミサマ」「オガミン」「イチコ」などと呼び、まれに「モリコ」と称する老人もいる（文化庁、一九八五：三）。

福島県の海岸地方では「オガミヤ」、会津は「ワカ」、中通りは「オガミヤ・ワカ」が一般的である。「カミサマ」ということもある。巫子が「オシンメサマ」を持っており、且つ「オシメンサマ」が憑依するので、自身を「オシンメサマ」と呼ぶ事もある。ハヤマの神がつくのは

みな男で、「ノリワラ」と呼ばれる。(文化庁、一九九二：五)。

秋田県では「イタコ」「イチコ」「エンジコ」「クチオロシ」などと呼び、修行せずに巫女になる「ゴミソ」がいる(文化庁、一九九三：五、八八)。群馬県利根では「アガタミコ」、福島県では「アガタカタリ(県語り)」、「アガタをよせる」などと云い、中央の巫女に対して地方(アガタ)の巫女をさした(桜井、一九八〇：六)。

現在は依頼者の立場では「イタコを呼ぶ」とか「イタコ通い」などと表現する。イタコと面で向かって呼ぶときは、「カミサマ」と、ゴミソをも含めた名称で用いる。「オガミン」とか「オシメンさま」といっても津軽では通じない。

津軽には「ゴミソ」「ヨリ」とよばれる霊能者がいるので、これについては第十章で述べる。

註

(1) 口よせする者は県巫女にて神家をはなれたるもとのぞ、これをいちこと云う、いちこは賎しき名にあらず、神前に神楽をするをいちこと称す、いつきの義にや(喜多村、一八三〇)。『嬉遊笑覧』は、江戸時代後期の風俗・歌舞音曲などについて書かれた随筆である。

第三章　歴史

はじめに

イタコの歴史を検討する。日本の縄文時代からシャーマニズムがあったと指摘する者もいる。しかし、エリアーデを代表とする宗教学者のシャーマニズム概念を適用させて、日本の縄文時代の宗教生活を明らかにするのは困難である。さらに、宗教的な営為であったと考えられる考古学的な事実にも、現代のイタコ巫業になぞらえて解釈することは困難である。本書では、中世以降を検討する。

中世・近世のイタコ

『年中行事絵巻』に描写された巫女によって、視覚的にその姿を知ることができる。この絵巻物は後白河院（一一二七―一一九二）の命によって描かれたといわれる。その中の「闘鶏」の場面で、板葺屋根の家の中と、樹木の下に座す巫女の二人を見る事ができる。二人とも鼓を奏している（図3参照）。家の中の女性は「よりまし巫女」であり、樹木の下に座す女性は、巫女もしくは語り物をする遊行の女であろうと、技術文明史研究者の吉田光邦は指摘する[1]（吉田光邦、一九七七：一六、一三八、一五九）。

古くから、「梓巫女」について記述する文献がある。文献の年代を特定できても、それを巫業の創始とはできない。死者の霊を呼び寄せる巫女の多くは弓を用いていたので、「梓巫女」と呼ばれていた。しかしながら、巫業に梓弓の使用は必須条件でなかった可能性がある。この絵巻物では鼓を使用している。『万葉集』、『源氏物語』、『平家物語（四・鵺）』、謡曲などに記述されている弦打ち、鳴弦、弓については第四章「巫具」の項で述べる。

民俗習慣として、イタコは、死後の世界や、ホトケ（死者の霊）について語る。盆の期間には、亡き人の霊が来訪することを人々は信じ、迎え火を焚き、亡き人を偲んで共に踊り、仏壇に供え物をし、死者との交流を試みる。そうした心情が、人間の歴史のいつから始まり、どこの地方で習俗として形をなしたかを特定するのは困難である。現在のイタコの巫業が形成された諸々の要因に、他の民間信仰や神道、仏教、修験道の影響があったことが指摘されている。現代のイタコの基本的な条件として、女性、盲目、修行、伝習、身上がり儀礼がある。しかし、男性、弱視・正眼、独習、身上がり儀礼を受けていない者なども存在した。これについては第五章で後述する。

図３　絵巻に描かれた巫女（筆者による模写）

歴史的事実を確認するために、青森県の郷土史関係の文献『永禄日記』（明和九年〈一七七二〉）と『平山日記』（享和四年〈一八〇四〉）の記録を挙げる[2]。『永禄日記』の記述には次の二例がある。

旧冬より弘前の西女来瀬村之巫女米銭家ニふり候と申候事、愚民専ら取沙汰見物も有之共其後止ム。但狐狸の業ニ有之べきよしの事。

此年赤石組風合瀬村ニ而大蹇《いざり》、廃疾、夢想ヲ蒙り禁厭上手ニ而、樒の葉に苻ヲ書卜占も端的之由其時行、愚民之信仰国中聞へ候（山崎、一七七八：二三二）

大意は、「女来瀬村の巫女が米や銭が家に降ったというので、人々が見物にいった。その後、済んだが、狐狸の業であったろう」とのことである。

風合瀬村（現　深浦町）の場合はイザリの身体障害者が神懸かりして、禁厭・まじないを上手にする。シキミの葉に呪詞を書いて卜占をし、愚かな民が信じて国中の評判になった。なお文中にある「端的《ありまさ》」とは「ありありと正しく占う」の意味である。『平山日記』では以下のように記す。

弘前近所如来瀬村巫女（イタコ）金米銭を家に降らせ候由取はやし夥敷事にて弘前聞へ郡方役人見聞ニ被遣其後村預ケ成。此節西浜風合瀬村のいざりの廃疾者有之右の者、霊夢有之由にて禁厭上手の由、樒の葉え府を書卜占も端的之由其時祈、愚民是を信仰し外ケ浜辺の者迄も行けるがいつとなく止ム（青森県文化財保護協会、一九七九：二五八）

大意は、右記と同じであるが、〈ニョライセ〉の表記は女来瀬でなく、如来瀬が正しい。如来堂があったための地名である。降ったのではなく降らせたのであり、筆者は平山家で原本を読んだが、巫女に振り仮名が「イタコ」としていて、弘前藩庁が役人に調べさせ、村預かりとさせたと記す。

風合瀬村の出来事では、外が浜辺（現　東津軽郡、青森市近辺）の者までが行ったと、評判の範囲をしめしている。

明治期のイタコ・禁制

明治政府はイタコの習俗を含め、それまでの因襲の禁令を通達した。その理由を考察する事によって、明治期にイタコが如何に評価されていたかが分かる。また巫業の性格も窺い知れる。以下に主だった禁令と宗教に関連する事項をあげる。

・慶応四年・明治元年（一八六八）

三月　キリシタン・邪宗門禁制の高札。
三月二十八日　神仏分離の令（太政官布告第一九六号）。
明治政府は明治元年に太政官の下に神祇官（宣教使）を置いたが、翌年には独立させた。大教宣布（神道の国教化政策、天皇崇拝中心の神道）や祭祀をつかさどった。

・明治二年（一八六九）

宣教使を政府が設けた（天皇崇拝中心の神道）。

三月二十一日　仏教諸宗が連合して耶蘇教禁制を建白。

・明治三年（一八七〇）

大教宣布の詔を政府が発す。

神仏分離令により弘前藩では、神社から仏像を排除、最勝院を大行院へ移した。

・明治四年（一八七一）

新律綱領を発布。奇怪異説は処罰。

穢多・非人の称廃止、身分職業とも平民同様にする。

十月十四日　六十六部廃止。(3)

神祇官（宣教使）を神祇省とした。十月二十八日に普化禅宗廃止。

・明治五年（一八七二）

神祇省を廃止して教部省とする(4)。

十二月三日を明治六年一月一日とした。

陰暦から太陽暦へ換えたのは近代化を進める為だった。

・明治六年（一八七三）

キリシタン禁制の高札を撤去。浦上信者を釈放し、禁制を終わらせた。

神道以外は規制されたのにも関わらず、キリスト教はそれまでの規制を外した。キリシタン禁制は宗教統制として必要であった。それが安政元年（一八五四）、鎖国が崩壊して行くと、宣教師が来日し始める。

肥前（長崎）の「浦上くずれ」の後、明治政府はキリシタン禁止を継承し、明治元年にキリシタン・邪宗門禁制の高札を明治元年に立てている。それを撤去したのは、明治四年にアメリカや欧州を訪問した岩倉全権大使らが信仰弾圧の非を説かれたのが理由であった。

十月十四日、五節句を廃止し、国が新たに祭日を定める。元始祭、新年宴会、孝明天皇祭、紀元節、神武天皇祭、神嘗祭、天長節、新嘗祭であり、廃止すべき五節句とは、人日（正月七日）、上巳（三月三日）、端午（五月五日）、七夕（七月七日）、重陽（九月九日）であった。

同年の「稔富多」の禁止布達文中に、「五節句は廃止されたので、ネブタを担ぎだしてはならぬ。七夕以外でも持ち出してはいけない」とある。表記は「佞」でなく「稔」である。

路傍に建てられた石仏には「盲誕無根、参拝するな、霊験ある筈はない」とある。

・明治七年（一八七四）

六月五日に［管内布令留］として出された文が巫覡禁止の趣旨をよく表わしている。村を徘徊して「無根ノ怪談邪説」を唱えている。「見聞次第に召捕って懲戒してもかまわない」とある。

・明治八年（一八七五）

「太陽暦頒布ノ令」を通達。梓巫市子憑祈狐下を厳禁。盆踊り禁止。堕胎の悪習を厳禁。信教自由の口達。

二月十二日の［管内布令留］に太陽暦頒布の理由を次の様に述べている。七千年の後に僅かに一日の差を生ずるだけである。歳晩、新年の祝賀や飾物など、旧暦に依って行い、旧暦に復すべきだなどと無根の説を唱へ人民の進歩を妨げる。

六月十二日の布達には「キツネおろし」が次の様に言及されている。

梓巫女が憑祈禱し、狐おろし等、人を眩惑させる所業は廃止させせなければならない。愚民を誑らかすものであり。毫も霊験利益などあるはずがない。必ず取り締りをせよ。青森県令山田秀典代理　青森県少書　記郷田兼徳。

精神疾患とみなされる「キツネ憑き」の原因は、本人も周囲の人々も、それを憑き物によるのだと解釈していた。第六章で再考する。

・明治十年（一八七七）

一月十一日　教部省を廃止し、内務省社寺局を新設した。それは開明派官僚の批判があり、政教分離の高まりがあったためである。

明治政府の試みは、天皇の名のもとに国民意識を統一し、政策の徹底を図る事であった。宗教の規制も、同じ目的であり国家神道を成立させる事にあった。

山野路偏神祠仏堂を参拝するなとの布達が出ている。

・明治十一年（一八七八）

六月十二日　管内巫覡の徒の所業を厳戒。梓巫市子並憑祈祷狐下抔と唱え玉占口寄等の所業を厳禁。

・明治二十一年（一八八八）

普化禅宗は明治四年に廃止されたが、京都の東福寺に明暗教会が設立され復活した。

・明治二十四年（一八九一）

六月　小学校祝日大祭儀式規定を制定した。歌詞楽譜（君が代、勅語奉答、紀元節、天長節等八編）を選定配布したのは明治二十六年（一八九三）であった。

イタコへの禁制をここで改めて確認する。巫覡への禁制は明治六年（一八七三）以降、明治八年、明治十一年などに出ているが、趣旨は以下の如くである。

維新がすでに来たのである。巫覡や其の他、總ての妖言妄語を吐いて人を惑す等のたぐいは現今あってはならない筈なのだ。この地方では従来の習癖で、盲覡（盲人の俗僧）や大平（オシラ）又は御夢想などと言われる者が今なお存在し、村を徘徊して根拠のない怪しげな話、邪しまな説を唱え、頑な民を欺いている。中には種痘は身体に害があり、養蚕は岩木山が忌むのだなどと、謂れの無いことを云い觸らす者がいるようだと聞く。養蚕や種痘之は日頃の布令にあるので、右のような虚言を申し伝えては　愚かな民に迷惑を生じさせ、布教に障碍をきたすので、ただでは済まない事である。右体の者がいれば、見聞次第に召捕って、懲戒を加えてもよい。注意し取締るように。万一、犯す者がいるならば、村吏の罪も免れない。毎戸に洩なく触れ示す。

引用文中の「大平」はオシラ信仰を指す。オシラ神を「オーヒラサマ」と呼称する例が、八戸市、岩田県海岸地方にある（今野、一九六九：一九九）。

鑑札

取り締まりが厳しかったときは、寺から鑑札をもらい、それを持参して巫業をし、巡査に捕まると鑑札をみせて逃れたといわれていた。道ばたでの放尿にまで巡査が取り締まった記録が何件かある。呼び出され「どうして、したのだ」と詰問された老婆が、裾をめくって見せたとの記録まであるので、イタコを取り締まった可能性はあろう。

黒石市の後藤テル巫女が所有していた鑑札は弘前の報恩寺からのもので、「加持祈祷　鑑章」と表面に書かれ、裏面に住所と「勾当　後藤テル　明治参拾壱年三月四日生」とある（文化庁、一九八六：一九〈現物は郷土館が保管〉）。

昭和五十四年十二月に国の選択（記録作成）があり、チームを組んでイタコの巫業を調査した。その過程で、昔、得度式をして鑑札を出していたといわれる報恩寺に筆者が出向き、共同研究者・外崎氏と共に住職に問うたが、その類いの記録は一切ないといわれた。調査を始めてから会ったイタコ達で鑑札を持っている者は一人もいなかった。鑑札に対する意識も関心もないように見受けられた。

職業に対する偏見

我が国の封建時代の身分制度には士農工商以外の階層が存在していた。中には賎民と呼ばれ差別、偏見、蔑視の対象となっていた人々がいた。穢多・非人の称を廃止したのは明治四年(一八七一)であったが、その後も、呼称こそは用いずとも、偏見は続いていた。家柄や職業のほかに、身体障害者への偏見、蔑視があった。イタコに対する意識は微妙であった。こうした偏見は洋の東西、時代を問わず存在した。

近年流行の津軽三味線も、ボサマに限って演奏したのではなく、庶民一般も奏したのであるが、「ボサマ芸:コジキ芸」と言われていた。東北地方では「ボサマ」は盲目の男性乞食を意味した。多くは剃髪していたからである。筆者が助言教官として出向いた盲学校では、生徒にピアノは教えても三味線を持たせることはなかった。これは、教員や父兄が津軽三味線への偏見が過去にあったことを知っているからである。なお、近年の流行によって、ボサマ芸としての意識は失せている。

安政期に書かれた箏曲の歴史本『俗談箏話』でも、「筋目悪しき人」として二十八種類の職種が書かれており、梓巫女も含まれていた[5]。

報告書を作成した一九八〇年代に、記録等で集計したイタコの員数は百余名であり、恐山の境内には一五・六名が集まっていた（文化庁、一九八六：二四〜三〇）。恐山では、名を伏せず、テントに本名を書き、調査では彼女らの生活史にも応じる者が大半であった。貴重な伝統文化を継承し、誇ってしかるべき存在であるのだが、身体障害者に対する無理解のほか、「死者」を扱う者として忌避されたのだろう。

近代学校教育の中で身体障害者、特に盲学校の設立の過程や、盲人の数などについては弘前大学教授であった安藤房治が著した『青森県障害児教育史』が詳しい。就学免除、教科の中の遊芸、一般人の盲人に対する意識などの記述がみられる（安藤、二〇一七）。

士農工商の区分は、農工商に関しては上下の序列ではなく、職分（分業の種類）としてであった。しかし、「士」が最上でありそれに続いて「農」が来るのは、農民への為政者の都合があったからだろう。他に身分制度を表す語としては、町民、遊民（出家、平家語り、幸若、歌舞伎、俳諧師、遊女など）があった。

結論として、日本の宗教史の中にあってイタコの巫業は仏教・神道の背後にあったので社会的影響力は弱かった。男性が監理する宗教ではなく女性が中心の民間宗教であり、加えて明治期の因習打破政策が衰退を加速させた。成巫の条件としての、盲目、女性、修行も理由にあったと思われる。

註

（1）「二人の巫女はともに鼓を使用して神を下し、託宣するものである。屋内の巫女の後ろにある白い円いものは、神を呼び迎えるための供物であろうか。こうした巫女は『一遍上人絵巻』『春日権現霊験記』などによくみられるものである。『東北院職人歌合絵巻』に出る巫女は、この絵巻のような鼓を打つ巫女であったらしい。それは歌に『君と我　口をよせてぞ　ねまほしき　つづみも腹も　うちたたきつつ』とある事で察せられる。これらの女性達は、いずれも遊行の徒であった。なお、左手にいる木陰の下の女は、巫女でなく、語りの遊芸の女かもしれない。（中略）ただし、盲人である。」（吉田、一九七七：一五九）

（2）『永禄日記』は浪岡城の城主の末裔・山崎立朴（一七四六〜一八〇五）が編集した家記。『平山日記』は五所川原の庄屋であった平山半左衛門（一六四六〜一七一二）によって書きはじめられた家記。

（3）六十六部とは、鎌倉時代から流行した行脚僧であり、法華経を六六部書き写し、日本全国六十六か国の霊場に一部ずつ奉納してまわった。後には、巡礼姿で米銭を請い歩いた一種の乞食に堕した。

（4）明治維新後の社寺行政機関。明治元年（一八六八）に太政官の下に神祇官がおかれ、一八七〇年に神祇省となり、さらに教部省となる。一九四〇年には内務省の外局として神祇院となり、一九四六年に廃止される。

（5）猿楽の家　経師　仏師　石切　風呂屋　筆師　くつわ　毛皮細工　馬医　馬喰　揚ケ屋　下駄打　青屋　髪結　紫屋　興師　畳屋　牢奉行　同医　声聞師　面打　弓師　弦さし　梓巫女　渡り鳥　其の他にも有るべし　是の家膠等細工する故也　二十八家と覚えたり　されど四座は其の家と言へども喜多は武家式楽とて　別流の由承及たり（岸辺・笹森、一九七六：二四九）。

第四章　巫業

はじめに

イタコは霊能者として、口寄せや加持祈祷などの巫業を行う。その能力、特に死者の霊と依頼者の対話を可能にさせる潜在能力はどのように修行し取得するのか検討する。さらに、巫業の実質内容を確認するために、彼女らが用いる経文と祭文の種類を把握する。盲目であるので巫業は、視覚的手段ではなく、聴覚的媒介、声・音で行い、巫具を用いるので、それが如何なるものであり、如何なる効果をもたらすのかを、この章で取り上げ、次の事項を検討する。

霊能者としての特質

巫業内容

巫具

霊能者としての特質

「身上がり（成巫式）」の儀礼では「トランス、ポゼション」を体験し、その体験から、一種の憑依の技術を獲得していると思われる。「トランス」は、意識変容・異常意識の一種で、ドラッグや飲酒などでおこり得る。忘我、法悦の精神状態へみちびく。

フランスの学者ジルベール・ルジェ（Gilbert Rouget）は彼の著書『音楽とトランス』で、トランスの徴候として、震え、身震い、鳥肌立つ、欠伸、舌を出す、激しい息遣い、眼球が出る、気絶、卒倒、昏睡など一三種の身体的変化を上げている（ルジェ、一九八〇：三九）。ルジェについては第十章でも述べる。「ポゼション」は憑依と訳され、人格の変容であり、例えば狐や他の人格に変身する状態を意味する。

ホトケ（死者の霊）を身に憑け、一種のトランス、ポゼションの呈をあらわすので、霊能者の代名詞シャーマン、シャーマニズムの概念を用いて人は理解しがちである。すなわち①召命型・習得型・職業型、②憑依型・予言型・精霊統御型、③霊媒型・予言者型・祭司型などと措定し、それに当てはめて事象を理解しようとする。しかし、それはイタコに関しては徒労に帰すだろう。シャーマンと規定しない理由を次に述べる。

憑依型と云われる者も、毎回憑依するのではなく、初めに憑依した心理状態を意識的に再現させるのが一般的である。体験を再現させ、繰り返し、声、表情、身振りを洗練させているかのようである。これは長年、ＩＳＳＲ学会[1]（国際シャーマニステック研究ソサエティ）に筆者が参加して、各地のシャーマンといわれる人々を観察しての印象である。憑依の精神状態を導引するために用いていたのは、飲酒、麻薬、過激な運動、五感への持続的刺激などの手段である。

精神科医師の津川武一は精神病理学的観点からイタコの脳波を測定し、脳波と憑依の関係を、著書『巫女（イタコ）――神憑りのメカニズム――』で述べている。

著書から引用する。

> 平田女は口寄せ開始後六分くらいで口寄せの口調が一段と熱っぽくなり、七分後に頭頂部に二〇秒間くらい徐波が出現した。（中略）平田女に見られた徐波は私たちの入眠時や、禅僧が座禅しているときにも見られる。祈祷の結果としてなり、祈祷に随伴してなり、意識を喪失して喋りまくることは、精神医学的には異常な状態であり、精神医学ではこうした状態を一般に『祈祷性精神病』と呼んでいる。

津川は続けて、徐波の観察は一例のみであり、他のイタコには観察されなかったので、結論づけるのは早計であるとしている。さらに、マラソン選手が過呼吸で意識を失って倒れても、ホトケや神のことを喋りまくらない、イタコが語るのは修行の結果であり、「一点集中に命をかけた精神状態である、精神病ではなく、一点集中された、澄まされた境地である」と述べている。（津川、一九八九：一二三）。

イタコは伝統を習得する事が必要条件であるため、召命型でないといわれるものの、盲目である事自体が「召命」なのであると解する者もある（波平、一九九三：七七）。

巫業内容

巫業内容を、菅江真澄は『岩手の山』で、「神をおろし」、「加持祈祷を行い」、「数珠をもっての占い」、「亡き霊を呼び出し」、「前兆を解釈して知らせる者」と記している。

筆者の調査では、イタコは次のような事柄を巫業とする。

ホトケ（死者の霊）を身に憑けて語る、春祈祷の寿詞、祈祷祓の経文を唱え、神々の来歴を一人称で物語る、神となり若しくは神と対話して託宣を伝える、講を司る、一年の豊凶や人生の進むべき方向を占い、方角の吉凶を占う、加持祈祷、病気治療、キツネおとしなどの悪霊祓い、等々である。

これらについてはそれぞれの項で詳細に述べる。文化庁の委嘱で一九八〇年代に調査した時には、十五種類の経文・祭文を収録した。この経文・祭文が巫業の種類に対応するので以下に記す。

1 口寄せ、2 産土さま、3 神サンダン、4 人間経、5 高天原、6 津軽三十三観音、7 さんごうだて、8 国ガケ、9 男の人の体の熱が冷める経文、10 正月の祝い（あらたま）、祭文として 11 オシラ祭文、12 岩木山一代記、13 金比羅一代記、14 九字を切る時の祝詞、15 新築の家のためのマジナイ。

巫具

イタコは次の巫具を用いる。（一）弓／弦／打ち竹、（二）数珠、（三）錫杖、（四）鉦、（五）鈴、（六）太鼓、（七）オシラの御神体、（八）その他である。これらの詳細を以下に述べる。

（一）弓／弦／打ち竹

弓

イタコはかつて「梓巫女」とも呼ばれていた。それは梓の弓を用いる巫女としての呼称であった。そのことからも分かるように、弓はイタコにとって重要な役割を担っていた。本書は弓自体を研究の主眼とするのではないが、弓の歴史・素材、用途などについて述べる。

筆者がかつて研究した是川遺跡の「縄文コト」に関わって、縄文時代の木製品の中に弓とおぼしき複数の出土品があったのが知られている（笹森、二〇一二：二八、五三）。銅鐸に絵があり、且つ埴輪に弓を持つ武人の像がある。（斉藤、一九六八：一三）。人類の文化史の中で、弓は古くから必需品の一つであった。

『古事記』や『日本書記』、『続日本記』を読むと、武具として存在していたのが分かる。

①弓の名称

弓を作る素材のなかでも梓を用いた弓が多かったため、弓と言えば梓弓といわれるようになったのであろう(2)。

経文の中でイタコは梓弓以外のいくつかの名を次のように唱えている。

この弓とは　いずくの弓とは伊豆の国　まさしが島の　曲げ弓ならば　はる弓　木弓　檜や　さわらの弓　しごとの弓　[重籐の弓]。

この経文によれば弓の種類は、伊豆の国のまさしが島の弓、檜、サワラ、シゴトの弓である。イタコは「シゴトの弓」と唱えるが、これは重籐の弓であり、地を黒漆で塗り、白い籐で巻いた弓である（斉藤、一九六八：一二〇）。

②弓幹の素材・大きさ

弓幹の素材＝弓幹を作る素材は梓、槻、檀、カヤ、桑などの木材の他に、竹、鉄、動物の角なども用いられた。神楽歌に「弓といへば品なきものを安津佐弓　真弓　槻弓　品をもとめず」とあるように、材は多くは梓（カバノキ科キササギ）、檀（ニシキギ科）、槻（ケヤキ）などであり、それらは木弓、丸木弓といわれた。

木製の弓に竹を張り付けたものが「伏竹弓」である。古いものでは鎌倉時代、中尊寺薬師堂などに伏竹弓が見られる。伏竹弓が作られた後も、木弓（丸木弓）は廃止されず、後世まで作られた（斉藤、一九六八：一一〇）。

大きさ＝長い物では、九尺、短いのでは一尺に満たない物が存在している。正倉院の記録では、最長が八尺五寸、平均的には七尺九寸から六尺五寸が多い（斉藤、一九六八：三、四三）。イタコが唱える経文は、実際に彼女等が用いる弓のサイズではない。笠井キヨ巫女の経文では「八尺の弓　五尺三寸の弦　三尺の打ち竹」であり、山本しおり巫女の経文では「しちさく［七尺ヵ］の弓かな　しちさく　こうぶつにつるぎに弦を掛け　さ尺［三尺ヵ］の打ち竹で打ち鳴らし」とある。

要約すると八尺か七尺の弓の本体に短い弦を張る、五尺三寸の弦では張りが随分ときついであろう。

秋田県のイタコを筆者が調査したとき、彼女等が用いていた弓の中には単に竹を割って棒状に切り、弦を張ったものもあった。この様に単純な構造の弓も使われたであろう。

叩くと不安定であるため、左手で弓幹を押さえなければならない。それだけでは響きが弱いので、音量を大きくさせる桶や箱、引き出しなどが下に用いられていた。菅江真澄の文化二年（一八〇五）の記述にも「桶を伏せ、弓を打ち神がかりして」とある（平凡社四巻：一二九）。津軽地方では、特殊な箱を弓幹と組み合わせて作っていた。それを共鳴体と一般には呼ぶ。しかし共鳴箱と呼ばれる場合の「共鳴」はトモナリとは異なる。共鳴箱は正確には音量増幅箱と呼ぶ方が物理学的には正しい。

文化庁事業で調査していた一九八〇年代で弓を使用していたのは葛西サナ巫女一人だけであり、笠井キヨ巫女を主人公とした映画撮影では、借用して奏してもらった。

葛西サナ巫女の遺品によって述べる。素材は湾曲した桑材二片、先端には弭《はず》がきざまれている。共鳴用に作られた箱はイタヤカエデ材である。部品を組み立てると、弓形になり、張力をもって弦をはることができる。ただし、木製であるので、竹のような反発する張力の伸縮幅は少ない。葛西サナ巫女は携帯できるようにサイズ縮小したと言われている。青森県平川市教育委員会が保存している。

青森県郷土館には二張のイタコの弓が収蔵されている。それを二〇一六年十一月十四日に動画として撮影した。

・登録番号〈１５２９－３〉：L117・5センチ、W4・5～3・8センチ、H8・8センチ、重さ820グラム。

麻紐の弦がゆるく張られていたので、きつく締め直し、平板な箱に乗せ、左手で弓を押さえ、打ち竹で叩いて録音した。糸の太さ、長さ、張力の条件によって鳴ったのは低音の余韻の残る音であった。

左手で押さえなくては、叩く位置には固定して置く事が出来なかった。

・登録番号〈１６７２－１〉：L104・5センチ、W5センチ、H18・5センチ、重さ1008グラム。

この弓は後藤テル巫女が使用していたのだが、問題があった。下の組み合わせが不完全で不安定なのである。一方の湾曲部分の裏下が亀裂しており、のり付けした跡があり、張ってあった弦も細い凧紐であった。撮影に当たっては、筆者が綯って作った麻紐に張り替えたが、破損している為に張力を強くすることができず、したがって打音も鈍く、本来の音ではないと思われた（写真2参照）。

写真２　郷土館所蔵の弓　登録番号 1672-1（下田雄次撮影）

弦

筆者は縄文時代の弦楽器を研究する過程で、弦の素材を種々検討した。カラムシ、樹木の皮、豆科の蔓、毛虫の絹糸線（テグス）、等などの可能性が考えらた（笹森、二〇一二：一〇七）。『古事記』『日本書紀』には弓の記述があるが、弦について知る手がかりはない。弓道の研究成果では、正倉院の所蔵品の中に、弦の断片があり、カラムシであったとしている（斉藤、一九六八：五一）。

イタコの弓の絃について、八戸市の郷土史家・小井川潤次郎は「左縒りの麻の糸で張った」と記している。弦は麻糸であり、イタコの黒髪が三筋縒り入れられると言われる。麻糸である事、女性の毛髪が関与するのが注意を引く。

打ち竹

過去の弦打ちでは、矢、もしくは棒を用いたであろう。イタコは弦を細い棒で叩く。棒の素材は多くは竹であった。経文では、弦を叩く打竹は三尺であると述べる。ただし、三尺三寸とする記述もあり、その先端のフシの中に穀物が入れている場合もあったと小井川は記している。

その穀物は十二種であり、大麦・小麦・米は糯米〈ウルチマイ〉とモチゴメの二種・粟・□・高黍・大豆・小豆・蕎麦・胡麻・荏であり、十二作と呼ばれた。そのうち五穀としては米・大麦・粟・大豆・高黍である（小井川、一九七七：一六三）。

筆者も葛西サナ巫女が用いた打竹に倣い、三尺の細い竹を調達して、先端に穀物を入れ、弓を叩いてみたが、小井川が記しているような「ドン・ジャクジャク」の音はせず、かすかな「カサコソ、サラサラ」（擬音）だけであった。音としての効果ではなく、穀物を入れる事に意義があるのだろう。穀物と神事の関係性に関する研究資料となる。

用いる目的（①霊の出現、②除魔・祓いとしての弦打ち・鳴弦、③詠唱の補助、④シンボル）

弓は狩猟や戦闘での用途が主であるが、それ以外にも特殊な意味合いで用いられた。

①霊の出現

霊の出現の例としては、謡曲「葵上」と能『砧』があるものの、その内容については省略する。イタコの経文では、どのように霊の出現を求めているであろうか。口寄せを始める時に、まずイタコは《神寄せ》の経文を誦詠する。この経文では「一の弓」から「二の弓」、「三の弓」によって神々を請じ入れると詠ずる。

要約すると、神降ろしをしている部屋の神から、その地域に在す神、そして全国の神々、日本六十六カ国の神の垂迹を請じ入れると唱える。

弓によって請じられた神々は弓の弭に鎮座する。笠井キヨ巫女の経文では、「本弭弓は月山羽黒へ乗り給う　中弭弓には薬師じゅうにん乗り給う　末弭弓には倶利伽藍龍不動の乗り給う」のである。

秋田のイタコを調査した時、弓にシデを垂らして依り代として床の間の上に掛けていたのを見た。神が弓に降臨するとの観念であろう。

神々を先ず請じ入れる目的は、神々による加護がイタコに必要であるからと解せよう。イタコは黄泉の国に行き、地獄を彷徨い、極楽にまで尋ね行き、死んだ人の霊・ホトケを我が身に憑けて娑婆に還り、そして口説く。加護がなくてはかなわない。仏教の影響が強い巫業なのだが、儀礼の始めに神道の神々、神の垂迹が要請されるのは、神仏習合の実態として注目すべきである。『嬉遊笑覧』によると「義残後覚」の項に、「身なりの悪い女が、弓をぎょうさんに打ち鳴らしながら、多くの神仏の名前だけを片言で述べ、死んだ人の言づてだと、嘘がましい事をまことしやかに、哀れげに言い聞かせる」と記されている。

これによっても、口寄せの冒頭に弓を叩きながら、神仏の名を読み上げる習わしが昔からあった事が分かる。

②除魔・祓いとしての弦打ち・鳴弦

弦打ちは、「ゆみづるうち」、「ゆみならし」、「めいげん（鳴弦）」とも言われ、魔除けのために弓を鳴らすことである。『萬葉集』（巻第四　相聞歌　五三一番）にその習慣を読む。「天皇のお出ましに警護の者が魔除のために弓を鳴らした。遠くから聞こえてくるのがうれしい」と。

梓弓　爪引く夜音の　遠音にも　君が御幸を聞かくし良しも

『源氏物語』で弦打ちが用いられるのは「夕顔」物語である。『平家物語』の四「鵺」で鳴弦の描写を読むことができる。

菅江真澄の記述で、イタコが物の怪の正体をあばいたり、祓ったりするのに弓を奏したことは第二章で述べた（『しげき山本』享和二年の記、『みかべのよろひ』文化二年の記、『雪のもろ滝』

寛政八年の記）。

③詠唱の補助

イタコの儀礼を観察すると、詠唱のリズムを整えるために弓を奏しているのが分かる。経文や祭文を詠唱するにあたって、基本のテンポ（速さ）と拍節単位を刻み、音楽構造を組織する。弓の弦を棒で打ち鳴らして語る習慣は民間の芸能、奥浄瑠璃などでも行われていた。邦楽研究家・平野健次は「日本の民俗芸」の解説で、語り物は託宣や口寄せの素朴なものから、洗練された奥浄瑠璃まであり、無伴奏や梓弓などが使われる。梓弓は弦が上になるように置き、弦を棒でたたく、と解説している（平野、一九八九：四二）。

西欧音楽の弦楽器奏法になぞらえれば、鳴弦はピッツィカート〔pizzicato〕、打ち竹による打奏はコル・レーニョ〔col legno〕である。ピッツィカートとは弦楽器の弦をはじく奏法であり、コル・レーニョは弓の背の部分で弦を打つ奏法である。

等間隔に連打される単音は催眠術の手段と類似する。異なるのは、それを施す者の意識も、聞き入る依頼者も漸次それに染まるのである。イタコは学習によって得た伝統的な技と、自己暗示によって冥界のホトケとなり、口説く。口説き終えてから、ホトケを冥土に戻し、神々をそれぞれの社に還して、催眠術でいう覚醒＝解催眠の状態となる。かくして成立する巫業である。

④シンボル

弓はそれ自体が非日常の器物である。狩猟、過去の戦争での武器、弓道・スポーツでの用具である。

イタコが弓をひたすらに叩く「行為」を見て、繰り返される音を聞くと、一心に神を、ホトケを降臨させようとする力が用いられているのを感じる。盲目のイタコは依頼者の呼吸を感じ、反応を把握している。両者は音によって体験し、コミュニケートしているのである。

ＩＳＳＲ学会での体験では、霊能者が神懸かりする手段として、激しい運動の繰り返し、肉体への物理的刺激（口に中から針を頬の外に出した　中国での巫者の例）、薬物使用、飲酒（モンゴルの霊能者が樹木の繁る山中で馬乳酒をあびるほど飲み失神して倒れた例）、太鼓などの音具の乱打、呪文の詠唱などであった。

音楽学者クルト・ザックス（Curt Sachs）によると、楽弓（ミュージカル・ボー）は絃鳴楽器に分類される。(3) 東アフリカの楽器には弓状のものがあり、絃を棒で叩き演奏する。イタコも同じように竹の棒で弓を打奏する。

現在のイタコの弓は小さいが、唱えられる経文では「八尺」と、狩猟や戦いに用いられた弓のサイズであるので、過去には実際の弓を用いた可能性がある。ちなみに、俗説では弦楽器が弓から生じたとするが、ザックスはそれを『楽器の歴史』で否定し「最も古いとされる楽弓は狩人の弓とはなんら関係がない」としている（ザックス、一九六六：上　四二）。弓は矢を射って手の届かぬ遠くにあるものを仕留める機能があり、類比的な意味作用によって、異次元の世界を射って、異界の霊を獲得する儀礼のシンボルとして用いられた。沖縄の出生儀礼では、アキの方角に石を置きフッパ草と破魔矢を供える。家屋建築の棟上げ式で屋根に登り鬼門の方角に矢を射るなどがある。正月十六日、弘前城下の和徳の田圃に出て、藩士たちが怨敵南部藩の方角に矢を射る行事は、筆者の祖父が明治維新まで行っていた弓初めの儀式であった。数珠に結び付けられたケモノの骨と同じく、弓はそれ自体が非日常を感じさせる巫具である（写真3参照）。歴史とともに醸成された弓のシンボリズム、その全てではないが、「イタコの弓」はそのなごりであった。

写真3　数珠に結び付けられたケモノの骨

ただし、イタコは催眠術を行っているのではないものの、弓を叩く「行為」によって神を降臨させようとする力を感じる。その「音」に誘引されて異界から霊が降り来る。儀礼の精神的環境がムードとして醸成される。そして神の加護によってイタコが他界を旅するのである。降臨した神は弓を依り代としてとどまる。儀礼のおわりには「神送り」の経文がとなえられ、その場から神はもとの場所に送り返される。

弓、弦、打ち竹のまとめ

弓を所持するイタコが一九八〇年代に少なかった事は前述した。青森県以外でも、弓を用いなくなっていた。岩手県の報告書では、第二次世界大戦前までは県南地方で使った者がいたという。岩手県中地区では、数珠、引磐、鉦、太鼓を用いたが、一弦琴や梓弓を用いるイタコはいないと報告されている（文化庁、一九八五：二九、三〇、一九三）。文化庁による秋田、福島の報告書でも、弓を持っていたイタコが過去にいたと記されていても、実際に用いた例はほとんど記載されていない。

津軽でも使われなくなったのは、組み立て式の弓は入手困難であり、所持していても大きく重く、持ち運びが不便（葛西サナ巫女は切り詰めて使用していた）、また「口寄せ」でも経文の前段の「神寄せ」が唱えられなくなった事も理由であったろう。

（二）数珠

イタコが用いる数珠は約二メートルの長さがある。仏教では玉の数を百八とするのが基本で、百八、五四、四二、二七、二一、一四のものが正式だと説かれている。仏を念ずる時に用いる珠だから「念珠《ねんじゅ》」とも呼ぶ。「数珠」の漢字を、その前後を入れ替えて「珠数」と書く場合もある。真言・念仏の回数を数えるのに珠を爪繰ったり、摺り鳴らして用いる。起源は諸説あるが、古代インドのバラモン教で用いられていた道具が原型と考えられている。釈迦が用い、後に中国に伝わり、日本には仏教伝来とともに飛鳥時代に伝わったとされる。鎌倉時代に念仏が盛んになるとともに一般にも普及した。

カトリックで用いられるロザリオは、ドイツのインド学者アルブレヒト・ヴェーバー(Albrecht Weber〈一八二五～一九〇一〉)によると、インド仏教で用いられていた数珠が取り入れられたのだとしている。

写真４　数珠

イタコは数珠を左手に掛け、右手に一連を持たせ、両手で上下に摺って音を出す。付けられたケダモノの骨、爪、穴あき銭は、魔除けであるとイタコは解する。異様さに視覚的効果がある(写真4参照)。さりながら、経文・祭文を唱える時に「魔・悪霊」を祓う必要があるとは思えないので、詠唱の拍を整えることに機能しているのだろう。筆者が中国で入手した霊能者の太鼓の後ろにも穴あき銭がついている。音色としての金属的な音、骨同士がぶつかる音と数

写真５　錫杖と蝋燭たて

珠玉のすれる音が独特であり、聞く者は非日常の時空間を感じさせられるだろう。

『今昔物語』巻二十の第六に、阿闍梨が、執拗に女性に言いよられ、それから逃れるために念珠を砕けるばかりに揉んで、不動尊に助けを求めると、天狗が乗り移った女であったのが明らかにされた話がある。これは弓の弦打ちによる除魔と同じ効果である。病気を祓う時にも数珠を用い、その時に唱える特定の経文が《さんごうだて》である。

（三）錫杖

錫杖は武山サヨ巫女が「あら玉」で用いていた。拍は刻まずフレーズの切れ間に振り鳴らす巫具である。ＩＳＳＲ会長・ミハイル・ホッパルの不眠症を治療した弘前市宝泉院・赤倉山の阿部貴美江ゴミソは錫杖を頭上で振り鳴らし、それで肩を叩いて祓っていた。

（四）鉦《かね》

笠井キヨ巫女を主人公にしてイタコの映画を撮った時、身あがり儀礼を再現した。その時彼女は「十三仏」の経文を鉦を叩きながら唱えて、部屋を巡り歩いた。

（五）鈴

鈴自体を鳴らすのでなく、オシラ様の御神体についた鈴が鳴る。武山サヨ巫女の「オシラ祭文」（一九八〇年六月二十日、於：武山宅にて収録）では、姫と馬を象った二神一対の御神体を両手にもって、宙に振り、膝にうち付けなどしてホロギ・アソバセながら祭文を唱えた。

「ホログ」は方言で「振る」の意味で、オシラ様を揺り動

写真6　鈴をつけたオシラ様を持つ武山サヨと1980年代の筆者

写真７　笠井キヨの鋲打ち太鼓（筆者撮影）

かし操りながらアソバセル＝儀礼をおこなう。アソバセル間に、御神体の首に十六個ずつ付けられた鈴は鳴り続ける。

（六）太鼓（鋲うち太鼓）

太鼓は膜鳴楽器として分類される。神道関係の事象を行う時に用いる。稲荷神社のキツネの宣託を聞くために笠井キヨ巫女は奏した。

（七）オシラの御神体

オシラ神は東北地方で古くから伝承されている家の神である。イタコはその二体一組の御神体をもって、オシラアソビを執行したり、病気治療をする。

御神体の多くは桑材を用いる。杉、桜など他の木材や竹などを用いたものもある。二体は向かい合った二本の枝、又は向かい合った樹の枝で作られる。女性と男性（馬、その他）の顔を描くか彫刻する。もしくは何かの目印をつける。手に持つ箇所に刻みを入れたものもあり、盲目であっても識別が出来る。刻みを入れたのが男（馬）。両者に刻みがある場合、男性は二本の筋、長短の場合は短いのが女である。菅江真澄は『すみかのやま』にヒメシラ、ウマシラ、トリシラの三形体の絵を描いている。

御神体に何枚もの布を頭から包みかぶせる（包頭）、若しくは、布の中央に穴を開け、頭を出してかぶせる（貫頭）の二形体がある。かぶせる布をオセンダクと呼ぶと研究書に記されるが、オセンダクはオシラに限って言うのではない。センダクは津軽の方言で衣服の総称である。さらには衣装を来た姿、身なりをも意味し、前述した『弘前語彙』では、「あの人のセンダクがいい、と言えば衣裳が大変立派だという意味である」と説明している（松木、一九八二：二四〇）。おそらく、津軽弁を知らない研究者が調査時に、地元の者が「この着物・衣装」の意味で「このセンダク」と言ったのを聞いて、オシラに特有な衣裳のみの呼称と勘違いしたのだろう。

柳田國男の記述は不完全であるが、素材、シンボル＝異類婚、蚕絹、桑、衣装、鈴、イタコの祭文伝承との関連・歴史などに言及し、研究すべき事柄が何であるかがわかる。第八章でオシラ信仰について詳述する。

（八）その他

巫具としては他に「お大事＝おまもり」・法衣、袈裟などがある。

「お大事＝おまもり」は必ずイタコが持っていなければならず、丸い筒に入っている。中を見ることは禁じられているが、調べた人によると、種々のお守りがあり中には九十九匹の狐の絵図があり、一匹が出入りしてイタコを助けているのだそうである。イタコが外出する時には必ずお守りを背中に斜めに背負った。そのため、風呂敷に物を包んで背中に斜めに負うのをイタコショイと方言では言っていた。

巫具として用いる弓や数珠などがイタコ巫業に独特の特色となっている。霊能者としての特質、巫業内容については、ひき続き検討する。

註

（1）ＩＳＳＲ学会、International Society for Shamanistic Research。本部はハンガリー、ブタペスト。隔年で大会が世界各地で開催される。筆者は平成五年（一九九三）のブタペストでの学会に初めて参加して以来、第十回ポーランド大会（二〇一一年）まで一八年間、毎回参加した。第十回で筆者は 'The Sacre Objects used by Itako During a Séance' を発表。

（2）アズサ：Betula grossa カバノキの一種。別名ヨグソミネバリ、ミズメ。四国、九州に多く生ずる落葉高木。材は堅く、建築材、櫛、楽器など器具材として使われる。第十章で後述するが、ブラッカーが書名とした「カタルパ　ボー：Catalpa Bow」の「カタルパ」はアズサ：Betula grossa ではないとの意見があるので、学術名から確認する必要があろう。

（3）ホルンボステルとクルト・ザックスによる楽器の分類は以下の如くである。体鳴楽器、膜鳴楽器、絃鳴楽器、気鳴楽器。

第五章　イタコの生活史

はじめに

イタコはどのような生活をしていたのだろうか。その生活史を明らかにするために以下の事柄を基本としてまとめた。①生地、②生年月日、③家庭の職業、④盲目・弱視について、⑤巫業習得過程・師匠・兄弟弟子・習得内容、⑥身上がり（成巫式）、⑦結婚歴、⑧巫業の行動範囲、出張、大祭についてである。

これらについて、筆者が実際にインタビューした人物の中から五名について記述する。

生活史

葛西サナ

大正六年（一九一七）尾上町生まれ。四歳で麻疹に罹患し目を悪くしたものの、十分な治療を受けられなかった。十六歳で黒石市の後藤テル巫女にアダコ（子守）として短期間行った。十八歳になってから、黒石市の佐藤ツル巫女に住み込みで弟子入りした。経文や祭文を口伝で習った。二年間で習得したのは、神寄せ、神送り、ハナコ呼び、般若心経などであった。許しを得た時は伝統に従い正式に儀礼を行った。師匠の家に水垢離の小屋を建てたり、供え物を種々用意し、習った経文を全て唱え、最後には失神し、守り神が憑いた。その後のアドナレ（実習）や独立までの経緯を詳しく覚えていた。それは文化庁文化財保護部の報告書に記録されている（文化庁、一九八六：三七）。筆者はしばしば巫女の巫儀に親しく接し、死亡後も彼女の所持していた弓などを使わせてもらった。遺品は青森県平川市の教育委員会が所蔵している。

笠井キヨ

文化庁文化財保護部の『巫女の習俗Ⅱ　青森県』にある記述をもとにし、インタビューした内容で補って記す。

大正四年（一九一五）に五所川原市桜田で生まれる。満十歳で角膜炎を患い、視力が衰え、五十歳ごろから完全に視力を失なった。

満十四歳から、近くに住む佐藤シナ巫女に住み込みで修業した（住み込みの条件として、金品を支払う場合、家事を手伝い無料である場合など、事情によって異なっていた。住み込みでなく、通いの方法もあった）。習得のしかたは、師匠が語る、もしくは詠唱する経文・祭文を口写しで復唱することであった。旋律をつけて覚えさせることも、棒読みで覚えさせる場合もあった。棒読みの時は、のちに師匠の旋律を思い出し、それになぞる、または独自の旋律で詠唱するなどであった。笠井は記憶力がよかった。佐藤シナには弟子が二人いたが、一人は途中でやめ、他の一人は身上がりしたがその後に死亡した。佐藤は笠井が身上がりした後、一年して亡くなった。その後、笠井は大川ハナについて修業した。筆者が訪問していた頃は自宅兼祈祷所に一人で住んでいた。晩年は五所川原市の茜荘の施設に入り平成二十年（二〇〇八）逝去[1]。墓は五所川原にある。手引きは従姉妹がしていた。

武山サヨ

明治四十三年（一九一〇）生まれ。平成七年（一九九五）、八十五歳で死亡。九歳の時、はしかで目を患い更にはやり眼を悪くし、十九歳で完全に視力を喪った。二十八歳のころ、オシラ様を所有し、四十歳を過ぎてから弘前市の岩崎トヨ巫女に弟子入りした。師匠宅に毎日かよい、「神寄せ」から習得し、三年後に許しを得た。身上がりでは、七日間にわたって水垢離を取り、木綿三反を用意し、部屋に幕をめぐらし、御幣を三十三本立てた。出張は恐山や、川倉、猿賀神社、久渡寺などのイタコマチに行き、遠くは北海道や東京にもホトケ降ろしに行った。

写真８　武山サヨ巫女

弘前高校の近くにある墓地の一角に質素な平屋があり、そこに一人で住んでいた。筆者が調査を始めたころ、弘前市にはイタコは彼女だけであったので（後に山本しおり巫女の存在を知る）、頻繁に訪問して情報を得た。いつも快く迎えてくれた。収録した経文祭文は文化庁の著書に記録した。多くの経文をテープ収録し、写真もとらせてもらった（写真8参照）。

娘の青山セツが手引きをしていた。

青山セツ

在府町に住んでいたので朝陽小学校に三年生まで通い、あとは働いた。母の手引きは六歳からした。岩木山の赤倉の一番奥の修行家屋を利用し垢離をとり、一七年間修行した。家の近くに生えていた桑の樹でオシラ様を作った。笠井キヨ巫女とも相談し、晴眼者であるが賛同してもらってイタコの道に入った。筆者はドイツの放送局のためにセツ巫女を川倉で取材させてもらったことがある。

セツの夫・義男氏は昭和七年生まれ。セツと結婚してから、本業のかたわらイタコの大祭参加に際して、まとめ役をしていた。まとめ役としては小笠原ミヨの夫・三浦キゾウがしていたが、平成十年ころから義男氏がまとめ役を引き継いだ。

恐山大祭に出るのは、二〇一九年では、松田広子と青山の二人だけであり、二〇二〇年にはイタコは出なかった。

山本しおり

明治三十六年（一九〇三）青森市三内村に生まれた。生まれつき左目が弱く、のちに白内障で全盲になった。十六歳で後潟《うしろがた》の高村マメ巫女に弟子入りした。

身上がりまでの修行過程は、前述した人びとと大同小異である。弘前市蔵主町を横切って流れる小川の傍らの家に住んでいた。筆者はそこを訪ね、彼女の覚えている経文、祭文を何種類か収録した。貴重であったのは「人間経」であった。三人の師匠についたが、一人はイタコではなくゴミソであったのも特殊な例である。また、恐山に行かなかった、他にも恐山に行かないイタコもいたというのが貴重な情報であった。

なお彼女の最初の師匠高森まめ巫女は下北郡川内町の加藤キヨ巫女に教えた。加藤には多くの弟子がいて、その一人が下北郡大畑町の立石雪江巫女であった（笹森、一九九二A：八七〇）。下北地方の文化が成立するのに、陸路経由でなく海路経由による伝播を指摘したが、イタコの伝承も津軽に類似する理由はここにある。立石雪江巫女の伝承を本書では用いている。

視力・性別

イタコとしての基本的条件は、盲目の女性であること、先輩・師匠について巫業を学び、身上がりの儀礼を終える。そして、自分の巫具を所有し、実地体験を師匠のお供をしながら何回か行うことが一般的であった。これらについては本書の第三・四章にあらましを述べた。その中の盲目、弱視、性別について検討する。

報告書を作成すべく調査した過程では、男性は一人もいなかった。ただし、調査期間以前にはＹ・Ｔという男性がいたことが記録されている。Ｙ・Ｔの妻がイタコであり、彼女の死亡後にイタコの作法に従って仕事をしていたとのことである。

盲目であることの条件について述べれば、実際にはおぼろげに見える弱視の者もいた。この「盲目」であることの条件はいつから、どのようにして定められたかは、研究者の間でも不明である。『年中行事絵巻』や津軽の『永禄日記』、『平山日記』に記載されているイタコは盲目の女性である。

イタコたちの間でも、盲目であることが、悲しい運命ではあるが、一種の聖痕であるかのように、また必須条件であるかのように語られていたのを筆者は感じていた。盲目である故に特別の才能を持っていた学者、例えば塙保己一や、洋の東西を問わずすぐれた音楽家たちがいたのを私たちは知っている。

仕事

イタコが従事する一般的な仕事の内容についてはすでに記した。ここでは、具体的に笠井キヨ巫女の場合を述べる。

(一)　自宅

依頼者がイタコ宅を訪問する。祭壇があり、太鼓をおいている部屋で対応する。筆者が訪問中にも依頼者がしばしば来ていた。

(二)　集会

集落でのオシラ遊び（オシラ講）などに招聘される。オシラ講は親類などの少ない人員で行う場合と、地域の人々が集まって行う場合がある。

（三）　祭礼・大会

弘前市の久渡寺の祭礼、川倉の祭礼、恐山での祭礼などで行う。

かつてイタコ同士を競わせる大会が開催されたことがあった。笠井キヨ巫女の説明によると、「自分が若かった頃には、津軽地方の各地で大会が開催された。主催者は誰だったかは把握していないが、イタコが集まって、自分の得意の経文・祭文を詠唱した。審査員が評価して、声の良い人や、大きな声の人が賞に選ばれ、賞品を貰った。聴衆は木戸銭を払ったり、米を出したり、会場に入れない人は窓から顔を出して聞いたりしていた。覚えている地区は小泊、下前、五所川原などであり、岩木山の赤倉では毎年のように開催されていた」とのことである。筆者が「そこで聞いて、習わなかったものを覚えたりすることもあったでしょう」というと、「そんなことはない、自分の習ったものを詠唱するだけだった」答えた。

（四）　公演・ステージでの語り

筆者は日本音楽学会など、学会の事務局に依頼されて、二・三名のイタコを紹介してデモンストレーションを何回かした。新城市は、ワザオギを主題にした講演会での出演を筆者に依頼してきたので笠井キヨ巫女に頼んだ。ワザオギとは神前で行う一種の演劇である。

写真9　笠井キヨ　新城文化会館にて
1996年（高田孝典氏提供）

担当の高田孝典氏によると、日本における芸能の起源に神事があった、その神事の中における芸能的要素をまず確認する意味で、巫女を呼んだとのことである。物見遊山に、儀礼を鑑賞することは邪道である。そのことも弁え、考慮して依頼したという。芸能学会会長の三隅治雄氏からの紹介もあった。三隅氏は「仏降ろしやオシラ祭文に、古代巫女のワザオギの余風を感じとられる、（中略）日本の音曲の百花繚乱を生む種になった」としている（当日の配布資料）。笠井は旅行を強く拒むのだが、筆者が説得、同道し解説することにしたので、行くことに同意した。

註

（1）彼女の巫業に関する音声録音の一部は、青森県民族音楽研究会編『イタコの経文・祭文資料』（一九九五）で聞くことが出来る。その書き起こし文の一部は、『巫女の習俗Ⅱ　青森県』にあるが、引用した笠井キヨによる口寄せ文は、筆者の校訂による。映画『津軽のイタコ』（桜映画社、一九九三）の内容は笠井キヨが主役であり、身あがりの記録が貴重である。

第六章　加持祈禱

はじめに

口寄せ以外に、イタコが種々の巫儀を行うことを第三章で述べた。他のシャーマンと呼ばれる宗教家と異なる特質である。この章で述べる加持祈祷は一種の療法・セラピー〔Therapy〕である。薬品や手術を用いない治療方法である。

神仏に加護を求め、災害や不幸などから身を守るたに行なう儀礼が加持祈祷である。密教の行法にその姿を見るが、イタコも人々の求めに応じて、類似の行為をなし、関連する経文を受け継いできた。その他に、一九八〇年代に行った調査では『男の人の熱がさめる』経文があった。それ以外では『人間経』が用いられる。それによって庶民が抱く病気観もうかがい知れる。

人間経

山本しおり巫女は「人間経」を唱え、それは人々が病気について伺いを建てる時に祈祷祓いとして用いると説明した。

人間の五倫五大とは申せども　天地うぎょう請じ奉る　先ず始まるじぶんには馬頭観音さま、額は八幡大菩薩、眼のれいは日輪・月輪、耳は弥勒菩薩に祭壇なり、鼻は普賢菩薩、唇は知恵文殊菩薩、歯茎は二十五の菩薩、舌は金胎両部の大日（文化庁、一九八六：一二〇）。

右記の経文は山本しおり巫女が唱えたものを筆者が書き起こしたものである。調査時に不明な言葉が所々あり、伝承者に訊くのだが、口うつしに習得しただけであるとして、解答が往々にして得られない。他の伝承を参照して確認する必要が生ずる。

民俗学者・成田守は著書『盆踊りくどき』で下関の盆踊音頭の《五倫口説》を考察している。その音頭には前段があり、次のように口説く。

髪は大道の形なり　額に八幡大菩薩、眉毛は鞍馬の多聞天　両眼の眼をば　日と月との光なり　鼻は普賢菩薩なり　耳に弥勒の菩薩あり、上唇は父文字　下唇は母文字、歯きしは二十四孝の菩薩なり、舌はこんたん屏風にて　ホット出る息　引く息は　阿　吽の二字を表わすなり　世界空気の形なり（後略）（成田、一九七八：二八）。

根城するゑ巫女の詠唱を参考に上げる。それによると、父の狭い胎内、母の広い胎内を行屋《ぎょうや》（行をする家）に定めて、五百八体の神が集まり、人の体を作るのである。

　五百八体の神はあづばりて　父の胎内　狭き行屋とさだめ　母の胎内　広き行屋とさだめ　人間を作るには　こうべはだいさんぶつにつくらせ給う　額はよろはの兜の明神につくらせ給うむ　こうのげ　いがみにつくらせ給う　マナグは日月につくらせ給う　睫毛は毘沙門天につくらせ給う　芥よけは春日大明神に作らせたもう　耳は虚空おうにつくらせ給う　顔は弁財天に作らせ給う　鼻は阿弥陀荒神につくらせ給う　口はかな神につくらせ給う　喉は水神に作らせ給う　舌は観世音に作らせ給う　歯は半月につくらせ給う　息は風の又三郎につくらせたまう（後略）（小井川、一九七七：一三八）。

右記の三種類の経文を整理してみる。①山本しおり巫女、②成田収録「五倫口説」③根城するゑ巫女詠唱「人間揃い」。

　頭　＝③だいさんぶつ

　額　＝①②八幡大菩薩、③よろはの兜の明神

眉毛＝①　鞍馬の多聞天、③毘沙門天

眼　＝①日輪・月輪、②日と月との光、③日月
耳　＝①は弥勒菩薩、②弥勒の菩薩、③虚空おう
鼻　＝①普賢菩薩、②③阿弥陀荒神
唇　＝①知恵文殊菩薩、②上唇は父文字（父文殊カ）、下唇は母文字（母文殊）
歯茎＝①二十五の菩薩、②二十四孝の菩薩③半月
舌　＝①金胎両部の大日、②こんたん屏風（金胎両部カ）。③観世音
息　＝①②出る息は阿、引く息は吽、③風の又三郎

密教の行者は、地・水・火・風・空を五大とし、地を膝に対応させ、水を臍、火を胸、風を面、空を項に配す。それを観想して、自分の身体を仏身として体得するのだといわれる。肉体は神仏によって構成され、菩薩が身体のそれぞれの所に存在していると『人間経』は述べる。身体は常に清浄に保つべきである。その聖なる存在が身体から去る時に、その部分が病になる。疾患は、患部に対応する神仏を唱え、祈願して平常に戻せばよいのである。老衰はその霊力が衰退することであり、死は肉体から現世での加護が失われたことを意味する。これは、経文を唱える治療者にも依頼する者にも、同じ「病気観」があって成立する。

人は単なる臓器の集合体の身体としてだけではなく精神として存在している。精神と肉体が二元的に対立して存在するのではない。精神・理性、感情は肉体と一元的に存在しているので

ある。身体は神仏によって守られている以上に、神仏によって作られている。自分の身体を仏身として体得する哲理がここにある。

イタコは錫杖やオシラ様で軽く患部を叩いたり、数珠でマッサージなどをする。血液の循環を良くする効果があるだろうが、単なるマッサージと異なるのは、そこに誦読・詠唱の行為があり、音楽療法とも異なるのは根底に信仰があることである。

男の人の体の熱が冷める経

山本しおり巫女が唱える経文は左記のごとくである。

うしろざいに流るる水は　ろっこうろくじに錦の旗とは身に纏い肩に結んで　とうに結んで肩にかけ　アブラウンケンソワカ

山本しおり巫女は次のように説明する。「男の人の病気を癒すために祈祷する時は『般若心経』や『観音経』、『人間経』をあげ、さらにこの経文を唱える。女性にはこの経文はつかわない」と。

法語《ほごと》

言葉自体に効力があるとする文化を私たちは伝承している。言霊の思想、まじないである。法語とは、まじない言葉の一種で火傷や喉に刺さった骨を抜くなどの方法である。『青森県の民謡――悉皆調査報告書――』で次の法言《ほごと》を収録した。伝承者は佐井村の岩清水リヨである。火傷には、

池の中の大蛇が　火の中に転んだと申します　それを通るには　何で通る　天のごおんが
川の水で通る　アビラウンケンソワカ

と唱え、喉のとげ抜きには、

ちくばねの胸に落ちるは　阿弥陀川　こいにつもって淵さなるらん　アビラウンケンソワカ（青森県教育委員会、一九八八：三二六）

と唱えるのである。また、カッパに捉えられ溺死しないように、

ヒトケリ勝負よ何ピョウ……カパコにもミズコにも取られぬようにしてけさまい

と言うまじない言葉を唱えた。神仏への祈願の他に、まじない言葉によって災厄が避けられる。

キツネ憑き

現代の医学が普及する前まで、精神病の原因は、外界の何かしら、例えばキツネなどの霊が作用しているのでないかと考えられた。治療する手立てがなかったので、家庭内にその者を隔離しておくとか、イタコなどに治療を依頼することがあった。現在は精神科の医者が対処できるのに、未だにイタコに相談する人がいる。イタコがどのように関わったかをここで検討する。

歴史的考察で見てきたような鳴弦・弦打ちで悪霊を祓うイタコの事例に、筆者は接していない。ただし、物の怪・悪霊を祓う類似の儀礼をイタコは伝承している。キツネおとし、病気治療などが求められて、それらに応える術・経文をもっていた。

イタコが奏した太鼓の連打で呼び出されたキツネが、病気の夫を持つ妻に稲荷神宮への寄進を求め、その行為によって病人が癒された事例を筆者は体験している。病気をもたらしたキツネを神と祀る両義性がそこにある。贖うために人は何かしらをなさなければならない。

なお確認するが、イタコは呪いや妖術の類い、黒魔術は伝承しなかった。

精神疾患の多くは、キツネやムジナの霊が憑いたのが原因であると解された。祈祷や行によって祓う他に、松葉を燻らせ、打擲、護符を用いるなど、医学的効果が疑わしい方法がとられていた。疑わしくとも、異常性は異界の霊による悪戯と解釈する方が、家系や忌まわしい遺伝、意思の弱い本人の所為にするより、救いになっていたと思われる。現代に多い鬱はどんな異界からの悪戯なのであろう。イタコの治療技術には、指弾すべき問題がないわけではないという精神科の医師もいる。しかし学ぶべき事柄も多い。

人は病む存在である。毎日の生活が苦しい。この世の制約から自由になりたい。したいことが何もできず、自己嫌悪に陥る。いつのまにか、気が付いてみたらキツネになっていた。変身は理想郷への移住、願望人格への移行であるのに、人々は「アブノーマル」のレッテルを貼る。

能舞・神楽、獅子踊りなどは仮面をかぶり、変身を遂げ物語を演ずる。それは聖なる時空間であるので、人は演者を変質者とは呼ばない。

仮面は超自然的存在や他者への変貌の手段であり、トーテムや秘密結社を表す標識、危害を加える者からの防御などの役目を果たす。

キツネ憑きはキツネの仮面をかぶったり、キツネになりきったりする。治療したことのあるイタコに聞いたのであるが、四つん這いになって移動して、ときどきピョンと跳ねる。手で食べず、口で直接に喰う。「コーン、コンコン」などと話すのである。カフカの小説『変身』で毒虫になった主人公は、周囲に適応しようと努力するがすべて裏目に出る。同じようにキツネの論理は人に通用せず不安と焦燥、無力感が日毎に増幅していくに違いない。

『*Voices from the Snow*』は、弘前大学の同僚であったジェームズ・ウエスタホーベン（James Westerhoven）による著書である。そこにはキツネに対して松の葉をいぶしたり、熱湯を用いたりした例が書かれているが、筆者はその様な事例を観察したことはない。経験したのは次の二例である。

（一）キツネを諭す。

「もっと高い位を授けてあげるから、出なさい」と言う。二・三日、長い時は一週間諭し、キツネが出てくると、キツネを神社、または成田山へ連れて行き、神官や住職に位を授けてもらう。

（二）稲荷神社に供物を捧げる。

笠井キヨ巫女の例では、依頼者の夫の「頭のもやもや」は狐の仕業であり、供儀による解決を助言した。

供儀の内容、仕方、目的は宗教によって種々ある。神への感謝、祈願、除災などである。捧げる品としても種々あるのだが、笠井巫女の場合、供物の種類は問わず、一週間捧げることで病が癒えるとの仕方であった。

みずからが異界の霊に取り付く者もいる。或る高校の女子生徒は、特定の先生の注意を牽くために、意図的に失神し、倒れ、無意味な言語をつぶやいていた。その先生の授業の時や、廊下でその先生とすれ違う時などに、異界の霊が襲うのでなく、自分から憑依の状態になるのであった。母親もそのケがあったそうで、家庭でカミサマにキツネ祓いをしてもらったこともある。彼女は、まじないを書いた紙を持っていて、それをちぎって飲んだりしていた。自分でどうしようもない恋情を、異界からの霊で達成しようと振る舞う少女が哀れであったと、クラス担任の教諭が筆者に話してくれた。

親しい精神科の医者に狐憑患者の有無について聞くと、「近年はいなくなった、それは自然環境の変化によって、取り付く悪霊・キツネがいなくなったためであろう。ただし、一人だけ弘前城の堀のカエルに取り憑かれた患者がいる」と証言する。カエルの例は、高畑直彦の著書『憑依と精神病』にもあり、カエルを「田の神のお使いとする土俗的な信仰との出会い、窮境からの脱出である」としている（高畑、一九九四：五九）。

精神疾患は異界からの物の怪の一種が憑いたのであり、現在の様な治療法が無かった時代に、宗教的に理解され、意味付けをなし、社会が受け入れ、イタコが解決の方法を伝統として受け継いでいた。

イタコは、さまざまな霊に襲われた依頼者の体験を聞いている。キツネが多いのだが、犬、猫、牛、蛇などの生き物ばかりでなく、樹木や岩石などの霊が襲う場合があるという。筆者が「樹木や岩石の場合はどうするのか」とイタコに訊くと、「その場所に行って、拝む」と教えてくれた。

近代医学は、その対象を人間ではなく病気に置く。もし、医学が人間の生きざまにまで視点を据えるなら、医療法を変えなくてはならない。精神療法のレベルをこえて、人の運命・宿命まで解決しなくてはならない。欠点もあった過去の病気観であったが、現代の医学で欠落している事柄、反省すべき資料をイタコの巫業は暗示している。

人は、この世が永続するのに、自分はこの世を去るのを知っている。イタコは死後の世界を眼前に展開し、病や災厄の「なぜ」を説明する。

第七章　祝福・祈禱祓いの経文

はじめに

イタコは口寄せのための長大な経文、またオシラ様などの祭文を伝承しているばかりでなく、「祝福のための経文」や「祈祷祓いの経文」を多く伝承している。筆者が収録した経文の内容をここで述べる。

祝福の経文の性格を知るために「あらたま」を先ずあげる。長谷川ソワ巫女は「あらたま」を「正月に門付けする時に詠じ、村や町の家々を加持祈祷して歩くときの、おめでたいお経である」と説明する。

アガタ巫女は諸国を勧進して歩き、竈祓いや神おろし、口寄せも行った。梓巫女・イチコで、アガタすなわち田舎を巡業する巫女はアガタ巫女とよばれた。その時に用いただろう経文がイタコの伝承として受け継がれていた。長谷川ソワ巫女は「巡って歩き、お礼にお餅をもらった」というので、彼女の若い頃にはそうした習慣が残っていたのであろう。菅江真澄の『にえのしがらみ』（享和三年〈一八〇三〉）には、イタコが氷室の歯固めの祝日に御祈祷に歩いている様子が書かれている（平凡社四巻：一一二）。筆者が調査した頃には、門つけして、御祈祷に歩くイタコはおらず、前述の長谷川ソワ巫女の証言だけであった。調査時に収録されたのは次の十一種であった。

「産土さま」「神さんだん」「人間経」「高天原」「津軽三十三観音」「さんごうだて」「国がけ」「男の人の体の熱が冷める経文」「あらたま」「九字を切るときの呪詞」「新築のための家のまじない」。

このうち、次の経文「人間経」、「男の人の休の熱が冷める経文」は第六章で既に述べた。それ以外の経文をここで述べる。

一 「産土《うぶすな》さま」

産土神は、人が生まれた土地を守る神であり、鎮守の神、氏神ともいわれる。この経文を伝承していた山本しおり巫女によると、「神々を呼び下ろす時には、先ずこの産土神鎮守神から始め、次に代表的な神々の名を読み上げる。願が成就するように祈る経文である」としている。「先ず打ち鳴らしの　一の弓の始めをば　この所の神まで請じ参らせさぶろうや」と笠井キヨ巫女が唱える「神寄せ」でも、最初に「この所の神」をよんでいる。

二「神さんだん」

神を讃談する（神の徳を誉める）経文である。お祓いに用いるが、文中には正月から十二月までの季節風物の揃い文も含まれている。類似の「十二節季揃《せきしょ》」が八戸地区にあり、それは春先に家々を訪れ邪気を祓い、息災延命家内安全を祈る経文として用いられていた。

三「高天原」

神道の祝詞であり、「たかまがはらに　かみうずまります　かむろぎかむろびのみこと……」とイタコも記憶して唱えることができた。祈祷祓いに用いた。

四「津軽三十三観音」

三十三観音めぐりは観世音菩薩を祀っている寺を巡ることにより、ご利益を得ることができるとの信仰に基づく。観音は人々のあらゆる悩み苦しみを救うという。この経文の伝承者・長谷川ソワ巫女は、死後に三つの罪から逃れることができると言い、山本しおり巫女は病気を治す御祈祷だと説明する。

津軽で三十三ケ所が制定されたのは、江戸初期であろうと言われている。三十三ケ所の寺や観音の名前、所在などには変化があり、特に神仏分離、廃仏毀釈の政策によって混乱が起きたようである。

イタコによる経文としては、寺々の名前だけを唱えるものと、御詠歌まで詠唱する伝承があった。口頭伝承であるため種々の詞章が残されている（山上、一九七三：二五七）。文化庁による報告書を編集した時に三名のイタコの詠唱を収録した。イタコの記憶力の良さに感心し、ご利益を授ける善意に感動する。場所、観音の名前は三名とも、山上貢編の『新編　津軽三十三霊場』に記された内容に同一であったものの、御詠歌には訛などの変化がみられた。一番目の久渡寺に例にとってみる。「一番には久渡寺　補陀落や　恵も深き観世音　罪も報いもはらし給う」と唱える（文化庁、一九八六：一二三）。平田アサ巫女が詠唱した旋律は第九章の「譜2」として示した。

久渡寺にまつわる故事として、初代弘前藩主・津軽為信の協力者であった森岡金吾・信元が裏切られ、寺への道中の国見坂で暗殺された。その森岡家の子孫が奉納した丸山応挙の幽霊画「反魂香」の掛け軸が寺宝としてある。オシラ人祭が明治期から行われ、オシラ神を信ずる人々が集まり、多数のオシラの御神体が飾られる。

弘前市十腰内《とこしない》地区の例をあげる。「五番には十腰内　参るよりも　頼みをかけし十腰内　聞きしに勝る　古き宮立《みやだち》」。樹齢一千年と言われる杉の大木が境内に二本聳え、津軽信建が慶長九年（一六〇四）に奉納した鰐口が巌鬼山神社の宝として蔵されている。鰐口には「奉納大旦那津軽総領主宮内大輔藤原信建」と記され、裏には「遠寺内寄進之」とある。この「遠寺内《とうしない》」は『津軽郡中名字』にも記されているトコシナイの旧称である。[1] 鰐口の文によれば、津軽の第二代総領は信枚でなく、為信の長男・信建であったことになる。

写真10　宗徳寺の境内にある三十二番の観音

このように寺々を参拝する者は信心の充足のほかに、地域の歴史文化に触れ、景勝を楽しむことができる。経文は寺々の名や由緒を詠唱する。

津軽三十三観音の所在は広く、西海岸の深浦町から、北は三厩、袰月、東は浅虫、南は袋や苦木までであり、距離にすると全行程で三六五・五キロ（九四里四丁）あり、徒歩で最低でも一五日を要す。安政二年に巡礼した百田村の勇助の記録では、日数が二ヶ月とある（山上、一九七三：五七）。

津軽三十三観音を巡礼するには日数、距離などで、強い覚悟が必要である。そのため、弘前市の茂森町の禅林街だけで回る巡礼のプログラムをつくり、独自の番号をつけている。筆者の菩提寺・宗徳寺は三十二番・馬頭観音である（写真10参照）。

津軽の岩木山の左峰・巌鬼山の登山道にも三十三観音が設置されている。観音と対話しつつ、岩だらけの険しい登山道を頂上まで登ることで邪念・妄想を捨て去ることができる。

西国三十三観音をめぐって持ち帰った土を埋めて、踏めば巡礼したのと同じ利益を得るとの信仰がある。この発想と似ているのであるが、巡礼できない人がイタコにこの経文を唱えてもらうと、自分が巡ったのと同じご利益を得ることができると信じられている。

五「さんごうだて」

昔から日本では災いを祓うとき「打ち撒き」、すなわち「撒供《さんぐ》」と称して穀物を撒いた。

伝承者の一人、山本しおり巫女は「祈祷祓い」の経文だとし、根城すゑ巫女の経文でも「撒供」としている（小井川、一九七七：一二三）。笠井キヨ巫女は、数珠を使って病気を祓うときに唱えるとしている。

そもそも　数珠といえば数珠や（中略）百八煩悩　かの数珠は手にとり　サラサラと押し

揉みたまえ（後略）。

撤供のためであれ、祈祷のためであれいずれにせよ、災いを祓う経文である。

六「国がけ」

災厄を祓うときに、六十余州の国の神々の名を列挙して読み上げ、病気を祓ったり、四十二厄や三十二厄を祓浄める時も唱える

日本が六十余州の大小の神宮　くわしく読み上げ奉る

一番には山城の国加茂の大明神　大和の国春日大明神（以下略）。

七「あらたま」

筆者は子供の頃の正月を思い出す。早朝、父に起こされ、台所の井戸で若水を汲んだ。汲む時に唱えたのは「元旦やツルの一声　井戸ぐるま　カメに汲んだる若の水」の三唱だった。長男としての大事な役だった。笹森家の家風としての独特なしきたりと思っていたが、それがイタコの経文でも唱えられているので驚いた。

正月の元日の朝に　鶴の声　一声聞けば　この井戸車　瓶に汲みためる若水は　水と思えば　大判小判の金が湧く

右記は武山サヨ巫女が唱える「あらたま」の一部である。井戸車が、つるを引いて回る時に鳴る音は鶴の鳴き声であり、汲み入れる瓶はめでたい亀である。正月元旦のこの上ない晴れやかな祝いにふさわしい唱え言であり、門口で歌ってくれる巫女に、お餅などを喜んで分け与えた習慣であったろう。

八「九字を切るときの呪詞」

この呪詞の伝承者・山本しおり巫女は次のように説明する。「神寄せ」や「口寄せ」などを行う前に、九字を切るのである。「口寄せ」などを行っている途中で経文を忘れたからとて、止める訳にはいかない。九字を切れば身がしまり、つっかえたりすることがない。手の組み方、虚空を横縦に切る方法は、修験道と同一である。三度目に虚空を切る時にこの呪詞を唱えるのである」。呪詞は次のように短い。

バシラギノ　バシランザイ　ハラジ　ハッカイ　ソワカ

九「新築の家のためのまじない」

この呪詞の伝承者も山本しおり巫女であった。次のように説明する。

家屋を新築に際し、建てた人の年齢から判断して、運が悪いた時に、「マジナイコ」を書いて渡す。それを丸い皿に墨で書く。その皿を袋に入れて床前の下の土に埋める。すでに家が建っている場合には、半紙に書き、それを畳み囲炉裏の横座に張った。現在は囲炉裏をこしらえる家がないので、床の間にまじないを書いた大きな皿を置く。

いまさら悪難災難を祓い給え　浄め給え　アブラウンソワカ

祝福のための経文や祈祷祓いの経文が伝承しているのを知ると、イタコたちの巫業内容の豊かさを感じる。手引きに手を引かれながら家々を門打ちしたのであろう。筆者が自分の家の家風だと思っていた正月の唱えも、イタコが古くから伝承していたのを知った。

註

（1）『津軽郡中名字』は津軽の村名帳であり、天文五年（一五三六）か十五年に書かれ、『津軽一統志』（一七二七）の付巻として存在している。

第八章　祭文

はじめに

「オシラ遊び」の儀礼で物語を唱える時に、まず「おしらの祭文　詳しくよみ上げたてまつる」と始めるので、「経文」としてではなく、「祭文」として伝承者たちが把握していたのが分かる。津軽のイタコが伝承しているのはオシラ祭文と岩木山一代記、金比羅一代記の三種類である。オシラ祭文では、その信仰形態を先ず明らかにし、祭文の性格、成立過程を論じる。『オシラ経』は、明治期に書かれたものであるが、参考とする。「岩木山一代記」では、その物語と岩木山との関係を検証する。「金比羅一代記」では、祭文の内容と特殊性を論じる。

祭文は神仏に祈願や祝詞を述べる文章であり、平安初期の『続日本紀』や、『枕草子』、『今昔物語』に既にその語がみえる。鎌倉時代以降に山伏や巫女たちが錫杖などを伴奏にして語るようになり、賤民芸となった。

江戸時代、元禄期には三味線を伴奏に世俗的な物語を演じる「歌祭文」、「説経祭文」の様式が成立した。物語の内容は、庶民化し、神仏への信心や倫理観を啓蒙的に述べるも、娯楽性も備える様になり、御伽草子として三百編も収集されている（末木、二〇二〇：一〇五）。民俗芸能にも伝統が流入し、例をあげると、広島県には弓の弦を叩いて語る「弓神楽」が残る（山路、一九八九：六八）。

オシラ祭文　オシラ経

オシラ祭文

オシラ遊びをする時に唱える祭文が「オシラ祭文」である。遊ばせる時イタコはオシラ様の御神体を両手に持つ。御神体の形状は本書の第四章で述べた。娯楽として物語を聞くのではなく、信仰習俗として考察すれば、オシラは家の守り神であり、かつ村落などの守り神でもあった。ご利益と祟りがあると信じられ、祟りを恐れ大切にしなければならず、管理者は一家の主婦であった。祀り方には以下の三形態がある。

(一) 部屋の一隅に安置し、供物や水を捧げて祈る。

(二) 集落で特定の日に人々が集まり、オシラを遊ばせる。オシラをホログと言って、イタコに祭文を唱えてもらい、集落の豊凶を占ってもらったり、個人的な口寄せを依頼したりした。(1) 集落として祀るのは、地縁集団の土俗信仰の一形態である。

(三) 久渡寺でのオシラ大祭。信仰集団による行事である。

オシラ信仰に関し、以下の五つの観点で検討する。

- 津軽地方の実態、禁忌、久渡寺での大祭
- 『捜神記』
- 柳田國男の説
- オンゴン
- 十六善の神

津軽地方の実態

まず津軽で如何に信仰されていたか、場の状況を理解するために、吉田富久一の調査・報告を踏まえて述べる（吉田、一九九四）。

吉田は藤崎町の郷土史研究会の副会長であり、調査したのは一九九三〜四年であり、藤崎町の二六地区であった。調べた戸数は五十、御神体は九十であった。このように、限定した地区の信仰状態を悉皆調査し、聞き取りと写真撮影をしたのは希有なことであった。九回に分けて報告しているが、その中で次のことが知れた。

所有の形態が、個人、複数家族、地域の三様態であった。御神体のくらいを高くしてもらうために久渡寺などの寺社で印鑑を押してもらう風習がある。「オシラ遊び」に地域住民が集い、特別な衣装（久渡寺様式）を着せイタコを呼び、託宣を聞き娯楽に興ずる。御神体のシンボルは、女性と、男性もしくは馬である。オシラの独特な能力として、飛んでいく、火事を消すなどの霊験をもつ。火事を消すことに関しての実例は中野目地区と下水沼地区、みつや地区で報告されていた。中野目地区の例であるが、「ある時ムラの火事でオシラ様が大活躍し、火を消すことに努力した。後で、自分のオシラ様を調べてみたら、焼きつぶれがあったり、よごれがあったりして活躍のあとが歴然としておった」（吉田、一九九四：三二）とある。

写真11　藤崎町白子地区のオシラ

記述の中で筆者が特に関心をもったのが、四百年前から信仰されている船場地区の御神体と、馬の彫刻とが一緒に飾られている伝馬地区であり、その追跡調査に現地を訪れた（二〇一九年七月）。船場地区の長内家は、「もう三十年も前に久渡寺に納めてしまった、普段は箱に入れ棚にしまい、祭りの時に出した。中の御神体の顔は見たことがない」とのことであった。伝馬地区の白崎家では世代が変わっており、馬の彫刻やオシラに関する一切の情報を持っていなかった。

アトランダムに道で行き合う老人にそれとなく聞くと、現在はほとんど地域でオシラ遊びをせず、関心もないと応える。

ただし、白子地区ではお堂を建て、御神体を安置してあったので、地区の住民の唐牛氏と木村氏の案内で、写真を撮らせてもらった（写真11参照）。お堂の鍵を開け、御神体を取り出し、オセンダク衣装の内側まで記録させてもらったが、顔までは脱がせなかった。着膨れした人を

「オシラ様のようだ」と言ったものだそうである。白子地区は藤崎町内では例外的に信仰を継続していた。「今年は二月に当番の家に御神体をもって行き、お祭りをした。イタコが居ないので、ただ飾るだけであった。昔はイタコの葛西サナが平賀町から来てくれた。四月には代表が久渡寺に行き印を押してもらった」と告げた。それを筆者が高く評価すると、「オシラ様のおかげで今年は風も吹かない、オシラ様が地域のリンゴ栽培を守っていてくれている」と感謝し、「子供の頃、頭が痛くなった時に頭を叩いてもらったものだ」と笑いながら話してくれた。藤崎地域での信仰は現在衰えているものの、この地区のように限定的に信仰として継続している。

禁忌

オシラの禁忌について述べる。ご利益は禍をともない、禍害は禁忌を犯すことからもたらされる。オシラに関わる禁忌として言い伝えられているのは「四足、二足、卵をオシラ神は忌む」などである。犯した結果にもたらされるのは、口が曲がり上顎と下顎がずれる形相になる、災害に合う：たとえば水難、溺死である。次に二例ほど筆者の体験を紹介する。

筆者がある地区のオシラを調査した時、御神体の長さを測定した金属製の物差しが、その夜に筆者の右手に刺さり怪我をした。御神体の衣装をめくった調査仲間は報告書を書く気力を失い、全く書けなくなった。

筆者の知人F氏の祖母が行方不明になった。F氏が筆者に語ってくれた顛末を述べる。「心当たりの場所や親類の家など探したが、どこにも行っていない。イタコやゴミソに占ってもらっても、かんばしくない。そこで有名な碇ケ関のヨリ祈祷師に頼むと、祈祷師は占って、『「岩木山の麓・国吉地区を探せ、オシラ神の所為である」と言った』。それで国吉地区の原野を探すと、行き倒れしていたのが発見された。先祖代々伝わったオシラ神は新聞紙に包まれ、ぞんざいに小屋に放置されていた。それ以来、オシラ神に立派な衣装を着せて、床の間の横に飾り、毎日拝んでいると語ってくれた。F氏は、あとで父親に「人に語るものでない」と叱られたそうである。弘前から国吉までは小高い山を登り、相当の距離がある。そこまで老婆がどうして行けたのであろう。ヨリ祈祷師については第十章で説明する。

久渡寺の大祭

久渡寺での大祭は、信仰集団による集合祭祀である。

大祭は「大志羅講」として、久渡寺の住職・高坂静観が明治二十年代に創始した。この寺は建久二年（一一九一）からの記録が残る真言宗の寺である。丸山応挙が描いた幽霊の掛け軸『反魂香』を寺宝として秘蔵していることなどを第七章の「津軽三十三観音」で既に述べた。

昭和十六年（一九四一）に大志羅講を調査した今野円輔によると、奉納されていた御神体は三千四百十二組であった。また、秋田県からも信者が集まり、本堂に入りきれないほどの人々が集まった（今野、一九六九：一一二）。

筆者は度々調査に行ったが、近隣の町村から婦人たちがご自慢の御神体を持ってきておセンダク（着物）を着せ替えて祭壇に飾る。

写真12　久渡寺のオシラ講（左から二番目が義祖母である）

そのときの写真を掲載するが、偶然筆者の義祖母も黒石市から来ていた。御神体は久渡寺スタイルの派手なオセンダクを着せる前の姿で写っている。

『捜神記』

東晋の文人である干宝が著した『捜神記』は紀元四世紀に成立している(2)。それが何年に、如何なる経由で日本にもたらされたかは未詳であり、どのように流布し変質していったかの研究もなされていない。

奥付に元禄十二年（一六九九）と記された資料が筆者の持っている最古のものである。この資料は馬事公苑の司書から提供していただいた。
訳文はあるものの、漢文で書かれたものは入手困難なので以下に示す。

『捜神記』　馬の恋　原典

舊説太古之時有大人遠征家無餘人唯有一女牡馬一匹女親養之窮居幽處思念其父乃戯馬日爾能爲我迎得父還吾將嫁汝馬既承此言乃絶轠而公徑至父所父見馬驚喜因取而乗之馬望所自來悲鳴不巳父曰此馬無事如此我家得無有故乎亟乗以歸爲畜生有非常之情故厚加芻養馬不肯食毎見女出入輒喜怒奮擊如此非一父怪之密以問女女具以告父必爲是故父曰勿言恐辱家門且莫出入於是伏弩射殺之剥皮干庭父行女興鄰女於皮所戯以足蹙之日汝是畜生而欲取人爲婦耶拾此屠剥如何

自苦言未及竟馬皮蹷然而起卷女以行鄰
女□怕不敢救之走告其父父還求捜巳出
失之後經數日得於大樹枝間女及馬皮盡
化爲蠶而績於樹上其璽綸理厚大異於常
蠶鄰婦取而養之其收數倍因名其樹日桑
桑者喪也由斯百姓競種之今世所養是也
言桑蠶者是古蠶之餘類也案天官彦爲馬
星蠶書日月當大火則浴其種是蠶與馬同
氣也周禮教人職掌禁原蠶者注云者莫能
两大禁原蠶者爲其傷馬也漢禮皇后親採
桑祀蠶神日菀窳婦人寓氏公主公主者女
之尊稱也菀窳婦人先蠶者也故今世或謂
蠶爲女兒者是古之遺言也

奥付
元禄巳卯五月端午後一旬一色時棟書
干撚髭齋中

元禄十二巳卯仲夏吉辰日　書林　林氏正五郎蔵
井上忠兵衛版

この物語の訳は東洋文庫十巻『捜神記』（一九六四）に「馬の恋」としてある。大意は次の如くである。

父が遠征に出たので、娘は父を慕い、連れ戻す事を馬に願う。願いが叶えば、嫁になると戯れに約束した。馬は願いを叶えたのに、娘は約束を果たさないばかりか、殺されて剥がされた馬の皮を踏みつけて罵倒する、畜生の分際で人を妻にしようとするからだと。皮は娘を包み込み空に飛び去ってしまう。数日して、樹の枝に娘と馬の皮が蚕になり糸を吐いていた。隣の婦人がそれを育てた。

この説話は養蚕が日本に伝えられた時に、養蚕技術と共に移入されたと解釈する者がいる。仮に、精神分析の論法に倣って物語をエレクトラ・コンプレックスとして解釈しよう。願望の対象を馬に投影させ、交わりを約束する。異類婚姻譚が語る多くは、婚姻の破綻、死である。死の後に、新たな生命や豊穣がもたらされるのは古今東西の説話に見られる結末である。日本で変容した説話では、父の存在が希薄化し、父を思うが故の物語としての部分がない。娘と馬の恋慕を事の発端とする。愛を交わす部分があり、その描写はイタコの語りによって異なる。これが、日本化の特徴である。笠井キヨ巫女の語りは以下の如くである。

うちの名馬は夜の九つ八つ半頃　二階の梯子を踏みそめて　私の納戸に運び　納戸の灯りは万燈籠で　千の屏風の間から　十九はたちの美男の形で現われる　そこで共に愛し相枕をいたしてみたが（文化庁、一九八六：一五三）。

納戸の二階で相枕する交情ほど具体的な表現ではないが、他のイタコたちが語る娘の愛情はいずれも細やかである。馬が愛情を抱いた理由に、幼いときに娘が厩でオシッコをした、「馬屋コさ　おしこふきに　連れてまいりましたいや　それが子供の時であれば忘れずに」と語るものもある。この葛西サナ巫女の語りは「秘所を見たからだ」とする解釈であり、見られている事が見えない盲目の女性の表現として意味があろう（文化庁、一九八六：一四四）。女性の秘所を馬に見せてはならない、厩では用を足すものではないとの理由としても語られる（今野、一九六九：一六〇）。

このようにプロットの梗概は決まっていても、語りに応じて緩やかに変化させている。

柳田國男の説

柳田國男は、古来からの日本における家の神の変形であると推論した。『定本　柳田國男集』から引用する。

「これは日本人の前から持っていた、家の神の信仰の変遷に伴なうて起こったものらしい」（十二巻：三八二）。しかし、その根源は不明であるとしている。「根源の未だ明瞭ならざる家の神」（三十巻：四七二）、「大白神の祭文をこの地方の家の神の祭に持ち込むことになったかはただ一つわかりにくい問題である」（十二巻：二七七）。

古代からの「家の神」と関係付けた説である。

オンゴン

オンゴン人形の信仰が日本に移入された可能性があると指摘する者がいる。家の神としての夫婦のフィギュアであるのが理由であるものの、「移入」は證明し難い説である。アムール川の下流の地域にニブヒ（ギリヤーク）のシャーマンが用いた木偶である。

十六善神

「オシラ祭文」を五名のイタコから収録したのだが、全てが「十六善神」を語る。笠井キヨ巫女の祭文には「おしら十六善のしらかみと現れて」とあり、他のイタコの祭文の結末も同類である。仏教における「十六善神」は、般若経と経を誦持する者を守護する十六体の神々である。オシラ神は十六体ではないので、名称は同じでも異なった意味で神としているのだろう。

この十六に限らず、数のシンボリズムは民間宗教において特殊である。例えば「山の神」は十二の数が重要である。このように、「オシラ神」は十六に意味を持たせるが、理由は不明である。ただし、祭りの旧暦三月十六日、九月十六日に関しては、農業のはじめと収穫の日であるからだとする説がある。(3)

オシラ経

オシラ経は祭文ではなく経文の一種であり、久渡寺の住職・高坂静観が、「大志羅講」を明治二十年代に創始した時に「大志羅講利益讃」として作った。イタコに祭文を唱えてもらわなくとも、この「オシラ経」を唱えることによって祭礼を行うことができるためであったろう。その一部を載せるが、特徴はインドの神・歓喜天をイタコの神になぞらえたことである。(4)

笠井キヨ巫女が全文をそらんじていて筆者に唱えてくれたのでそれを示す。

そもそも、大志羅善神の本をただせば、歓喜天金台真理のみならず、
かりに男女の身をなして森羅万象の父母となり、日月星辰世界より、
神や仏や人や鳥獣や石や草木まですべての物をうみだせり。（中略）
南無大聖大悲歓喜天王方便形躰大志羅十六善神　オンキリクキヤウンソワカ。

岩木山一代記

岩木山は津軽平野にそびえる一六二五メートルの山である。山に鎮座すると信じられている神々の一つに「安寿姫」がいる。それは津軽に伝承されてきた説話による。説話によって「岩木山一代記」も成立したと思われる。その説話の内容と、及ぼした影響について述べ「岩木山一代記」の性格を明らかにする。

この物語は民間の口承を基として説経祭文に取りあげられて形をなし、それが再び民間に逆輸入され、粉飾され、現在の伝承となったと、一つの仮説を立てる事が出来る。もう一つの仮説は、説教祭文に取り上げられる以前の形が民間に伝承されて現在の姿になったとの解釈である。

しかし、いずれにしても推測、仮説として示せるだけであろう。津軽二代藩主・信牧（一五八六～一六三一年）が岩木山神社に奉納した二体の像が安寿、逗子王丸の像であるとしたら、「説経祭文」が成立する以前に津軽に伝承があったことになる。こうした創始にかかわる事実の確認はさておき、津軽地方に伝承された物語は、イタコによる語りとして私たちはもつ。

先ず笠井キヨ巫女が詠唱し、筆者が収録した物語の骨子を述べる。
「私は岩木山の神であるが、加賀の国の生まれで、父はマサアキ、母はオサダである。兄は厨子王丸、長女はオフジ、私は安寿姫である。父は私の出生日は知死期《ちしご》に合わないので自分の子ではないとして、母に命じて私を捨てさせる。[5]母は泣いて盲目となり、阿波国に移り住む。父は私を一枚板に載せダイカワに島流しにする。流れ着いたところが丹後の国であった。そこでの過酷な苦役に堪え兼ね、逃亡し、鳶の案内で山寺に隠れる。山椒大夫が追って来たものの、自分の顔が鬼になって口が耳まで割れ、額にツノが生えているのを水鏡でみて懺悔し、阿弥陀にもとの顔に戻してもらい、引き返す。私は盲目の母親にめぐり会い、安寿だと信じない母に、額にある十文字のアザを見なさいというと、母は見ようとして眼が明く。安寿は父を探しに行くと告げ、自分の左手の小指を食いちぎり母に与えて出かける。」

経典のように文章が固定されておらず、物語のプロット・筋書きの要点だけがあり、脚色は語るその時々で自由自在である。笠井の物語には後半がない。酒向伸行の研究が、多様なプロットの参考になる（酒向、一九九二）。

笠井キヨ巫女は五所川原市の寺田サワ巫女から学んだのだが、寺田が誰から学んだのかは不明である。大方の研究者が依拠する桜庭すゑ巫女の伝承は、竹内長雄が昭和六年（一九三一）

に採録している。竹内と一緒に調査したのは、今井冨士雄である。今井はオシラ祭文も竹内と採録したことは前述の通りである。筆者の父の秘書官であった今井は、個人的な情報も多く語ってくれた。実家は常盤村であり、同じ常盤村の女鹿沢にイタコが住んでいたので、その伝承を語らせた。竹内は夏休みを利用して、今井の家に泊まり、原稿を書き、岩波書店の雑誌『文学』に発表した。そのイタコは「オキドメ・イタコ」の異名で知られ、沖の船を止めることができる霊力があったそうである。

「岩木山一代記」は冒頭に「我は…なるぞ」と一人称で述べ始める。しかし、口寄せのように、イタコは神に変身して、すなわち神懸かりして語るのではない。物語の内容は一人称で述べられても、憑依した精神状態で語らない。イタコは物語の「語り手」としての役割を果たしていると観察される。長大で複雑な物語が筋道をつけて語られるのであるが、もとは神懸かりして語る「形式」ではなかったかと推測される。ちなみに、オシラ祭文も同じように、姫が語るのでも、カイコになった馬が語るのでもない。一方「金比羅一代記」は、神に変身した精神状態でも語れるだろう。なお、ジェフリー・アングルスによると桜庭すゑ巫女の「岩木様一代記」はバークリー学校のマチソフとアングルスにより英訳されている（アングルス、二〇一二：二七五）。

坂口昌明は、この説話が津軽の物語として成立しただろう年代、イタコが語るようになった

写真13　安寿・厨子王の像（筆者撮影）

経緯などを検討し、廃仏毀釈のために岩木山神社から長勝寺に降ろされた双倶生神が、安寿・厨子王の姉弟像に化けたのが真相であると結論づけている（坂口、二〇一二：一八四）。

安寿と厨子王の物語は、森鷗外による子供用の小説で広がり、人々の意識に染み込んでいる。しかし、津軽の伝承は筋書きも結末も異なり、安寿は丹後で死なず、母と再会し、厨子王と競い合い、厨子王に勝って岩木山の神となる。それにも拘らず、森鴎外の筋書きに沿って厨子王を中心にした岩木山の記念像を建て、弘前市内に設置している。設置を許した弘前市の見識が問われる（笹森他、二〇〇八：四）。

津軽地方の民俗学の泰斗であった森山泰太郎は『青森県百科事典』で長勝寺の像は安寿・厨子王であるとし、さらに続けて信仰圏に関わり、次のように述べる。安寿と厨子王は岩木山の神になることを競い合ったが、厨子王が負けたのである。大坊村の獅子踊に見とれていたためであった。そのため、大坊村では岩木山参拝をしない。小栗山地区にも同じ説話があり、村人は登山しない（森山、一九八一：六五）。これは、説話を持ち運んだ修験者たちの信仰圏・縄張りの差異によるだろうと解釈されている。

物語は、さらなる物語を生み、藩の政策としての「丹後日和」、宗教圏の成立要件へ転用された。弘前藩では海が荒れると、見聞の役人が港を改め丹後の船が入っていないか、船頭が丹後人でないかを調べさせた。いれば領外に追放した。取り調べは明治期まで続いた（森山、一九八一：五六三）。新たな説話は安寿の母親オフジに関わる伝承などであり、これは、説話成立と伝播のメカニズムを検証するための資料となるだろう。成立年代や「丹後日和」なども興味があるが、実態はイタコがいかなる目的で、いかに詠唱し聴衆が反応する容態を知ることである。

これまでの研究者は、音源にさかのぼって聞き、自ら書き起こして明らかにすることをしてこなかった。知るためには状況、場所、時間、語彙、口調、旋律などである。実態に少しでもアプローチしているのが「巫女の習俗Ⅱ」の分析であり、小野寺節子の採譜である。これからの研究者や鑑賞者の資料になるのは次の二点である。
（一）青森県民族音楽研究会、一九九五『津軽のイタコ』（ＭＤ四十三巻）
（二）青森県民俗文化財等保存活用委員会、二〇一二『津軽のイタコの経文・祭文』（ＣＤ四枚）

金比羅一代記

コンピラ（金比羅）は梵語[kumbhira]の音写で、ガンジス川に住んでいると信じられた神話の鰐である。神格化されて、仏法を守る夜叉王の一人として説かれる。中国では金比羅竜王と称された。我が国にもたらされた後に、四国の讃岐の琴平にある金刀比羅宮の祭神と成る。金比羅権現は本地垂迹の姿であり、海運や漁業の神として古くから信仰された。その経緯を筆者は未だ明らかにしていない。

笠井キヨ巫女の祭文は金比羅神の由来を語って独特である。彼女が唱える内容の大意は以下の通りである。

伊勢近辺の惣領の子供でソクトク丸といったが、不治の病のため、楠の洞舟《うつろ》に乗せられ流された。風に打たれ、雨にはたかれ、波に引れ南海道の岩浜に着く。数多の人が集まり、船をこわしてみると、立派な装束を着た神となって現れる。信ずる者の悪難、苦難を逃れさせ、海上安全、大漁、家内安全を守る（文化庁、一九八六：二〇二）。

ご利益や信仰形態について語る文献があるのもの、神の本地を語るのは岩手県下閉伊地方、中島ハツ神子の口承伝承のみである。中島神子の経文の一部は左記の通りである。

そもそも、金比羅大権現のご本地を詳くよみ奉る。うらが薬師の十二善、さればその日のご装束は、（中略）頭には八葉の蓮華を戴かせ給う、左手には百八煩悩つまぐらせ給う右りの御手にはごりんと言う鈴を持たせ給う。（中略）盗難、病難、つるぎの難をあい逃し給う、延命息災、諸国成就と敬って申す（文化庁、一九八五：一三四）

この伝承は始めに装束を述べるが、記述内容は笠井巫女の祭文と異なり、わずかに類似するのは右手にレイ（鈴）、左手に数珠を持つだけである。

根城すゑ巫女の「金毘羅さま」は短く「おんぴら　こんぴら　こんてい　そわか」だけである（小井川、一九七七：一〇八）。「日揃い」や「払い」の経文で十月十日の金比羅大祭をのべても、本地を語る経文はない。金比羅竜王の伝承とは異なるイタコの「一代記」や「ご本地」の意義を考える必要があろう。「伊勢近辺の惣領の子供、不治の病のため洞舟に乗せられ流され、神となって現れる」。この異質な伝承は、我が国における金比羅信仰の理解につながるはずである。

この第八章では、三種類の祭文を取り上げた。いずれも神の来歴物語である。「オシラ祭文」

は語りとして聞かせ、またオシラ遊びの儀礼で詠唱される。「岩木山一代記」は広く知られており、研究者がいろいろの角度から研究の対象としている。しかし、「金比羅一代記」は「船祈祷」に用いたというイタコの記憶だけであり、目立たず、記録されているだけである。金比羅大権現の来歴、容姿、ご利益に関する研究として価値がある。

註

（1）春はやよい十六日委託巫とて盲のかんなき、左右の手に握て膝の上にうちおとらし、のりとをとなへ、世のなかのなりはひのよしあしをいふ。これをおしらを保呂久といひ、おしらあそびとも言へり（内田、一九九〇：第三巻巻頭の挿絵＃261）。

（2）三国の魏の権臣司馬炎が建てた王朝（二六五―四一九）。都は洛陽《らくよう》。二八〇年呉を滅ぼし中国を統一したが、八王の乱により衰え、三一六年匈奴《きょうど》の劉曜に滅ぼされた（西晋）。翌年、一族の司馬《しば》睿《えい》は建業に拠《よ》り晋を再興したが、四一九年将軍の劉裕に滅ぼされた（東晋）。

（3）オシラを祀る日に関して、「三月九月の十六日、即ち此地方でいふ農神降りと、農神上りの日であって、それ故にまたオシラ様は農神のことと、思って居る人も少なくない」（柳田、一九七七：一巻一九〇）とある。

（4）歓喜天＝サンスクリットではNandikesabra。象頭人身、単身と双身がある。元来は人に障難をする魔王だったが、仏の教えを受け仏法守護神となる。信仰すると障難が消え富貴を得る。

（5）「知死期」をイタコは「ツシゴ」と発音するので、竹内の採録や他の研究者の解説でも、「意味不明」としていた。文化庁文化財保護部の『巫女の習俗Ⅱ　青森県』で初めて漢字表記し「知死期」の意味を解読した。人の死ぬ年月日が干支の組み合わせで決まっているとする俗信である。安寿の場合、誕生の年月が合わないという意味で用いられている。それ以来、研究者がその意味を踏襲している。(文化庁、一九八六：一七九)

第九章　音・音楽

はじめに

イタコは盲目であるので、コミュニケーションの手段が音である。音具と概念を伝達する声である。声にしても、言語概念だけでなく、音色、強弱、テンポ、リズムなどが重要な意味を持つ。音楽物理学、音楽心理学が客観的に事象を明らかにすることができ、近年この分野の学問は進歩している。この章では可能な限り音そのものを分析することにつとめた。

視覚障がい者であるイタコにとって、コミュニケーションの手段は当然聴覚であるものの、本論を進める前に、指摘しておきたいのは、儀礼における空間、視覚的な条件、身体性についてである。すなわち容貌、祭壇、しつらえられた巫具、さらにイタコと依頼者が位置する空間、距離感などである。それらを踏まえた上で音響の要件を明らかにすべきであろう。

単なる音（噪音：非楽音）と楽音の差異によって、延いては話す声と歌う声の差異をもってして、音楽と非音楽を区別することはできない。声の表現でも、語り、叫び、レシタティーボ（叙唱）、パルランド（語るように歌う唱法）、歌唱、等々がある。イタコの詠唱をこれまでの常識的「音楽」の概念で論じることができない。二十世紀以降の現代音楽の多様性によって音楽の概念は変化している。

音具

詠唱はほとんどの場合、音具が背景に奏される。その「音具」は前述の「巫具」として記述した概念にふくまれている。伝統的に楽器と呼称されたもの以外でも、特に現代音楽で用いる品々がある。あえて「音具」と呼ぶのは、その一般的常識範囲での概念であることを断っておく。

弓や太鼓による打奏により、速度・テンポが規定され、拍節とリズムパターンが示される。しかしこのパターンも、楽曲構成の特徴と成るほどの強い規制が無い。拍節構造では、西洋音における拍子の概念は無い。たとえば行進曲が2拍子、ワルツが3拍子で組織されるような意味での拍子が無いのである。

笠井キヨ巫女が「身上がり儀礼」で詠唱した『神寄せ』では、テンポはプレスト（音楽用語で「速く」）に近く、拍の単位はM・M♪＝144であった（桜映画収録）。むしろ単一のリズムが詠唱の宗教的な雰囲気を支えている。なおM・M♪＝144などの音楽学的な譜号は以下の〔※〕で説明する。

〔※〕音楽用語の「テンポ」は楽曲における拍の進行の速さを示している。主観や状況によって印象は異なるので「遅い・速い」の語だけでは実態を示していない。遅いとか早いと感じる現象は一定時間におけるアクセントの数が少ないか多いかである。何をアクセントとして感じるかも厳格に規定しなければならない。音の強弱で、強いと感じる音や、際立った印象を与える音がアクセントとして機能する。アクセントと感じる音が少ないと人は遅い、多いと早いと感じる。拍を数える器具としてメトロノームがある。例えば「M・M♪＝144」はメトロノームでの拍の単位が8分音符であり、一分間に奏される数値が144であることを示している。

数珠では、数珠玉の擦れる「シャ　シャ」と、末端に付いている動物の骨や穴あき銭がぶつかりあう「ジャラ　ジャラ」音が独特であり、動物の骨の異様さが際立つ。数珠の擦り方の変化によって、強拍、弱拍など、数種類の音色を出せる。イタコが弓を奏する時に依頼者に数珠を擦らせることもする（写真14参照）。この写真はハンガリーの学者カルパティ（第一章で笠井キヨ巫女に口寄せを依頼した人物）が調査に訪れた時のもので、擦っているのは共同研究者の肥

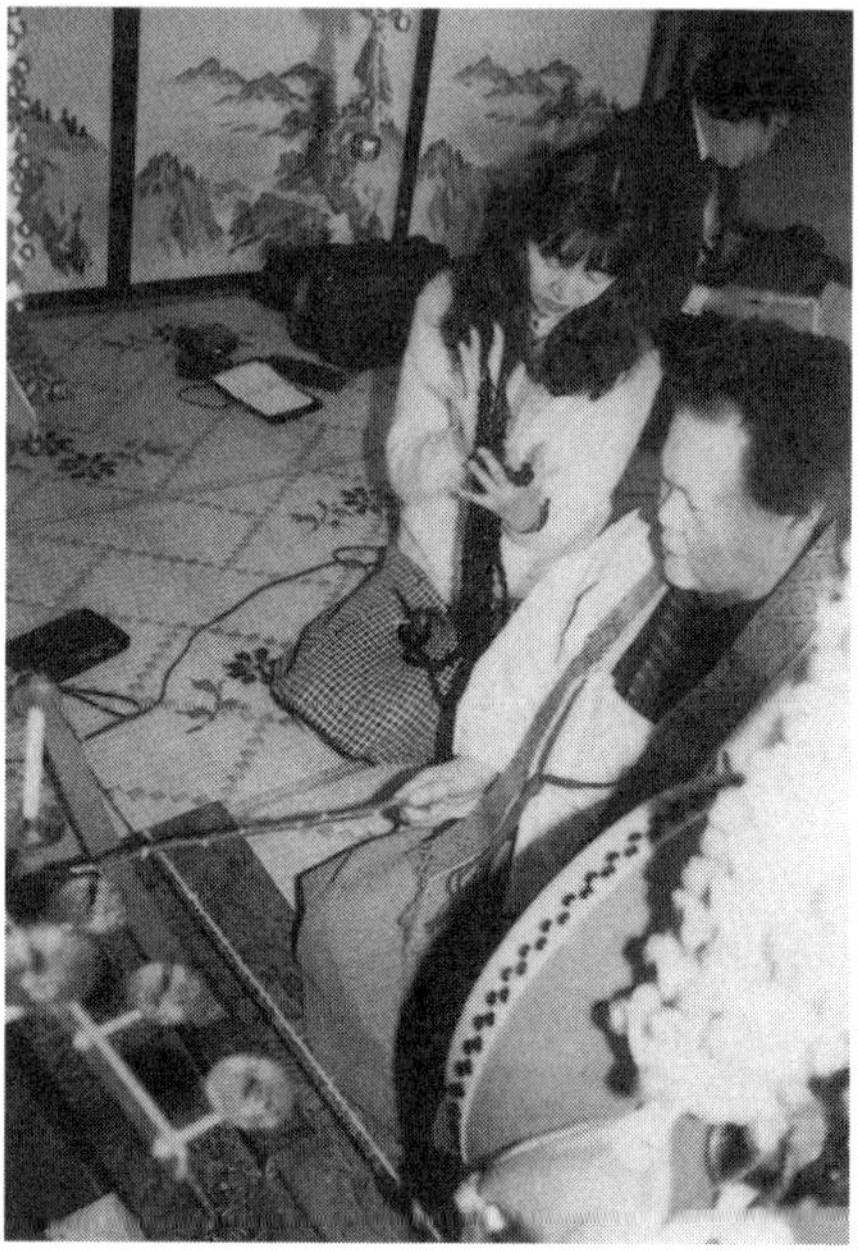
写真14　依頼者が数珠を擦る

田野恵里である。ちなみに笠井キヨ巫女の「神送り」での数珠の拍のテンポはアレグレット（音楽用語で「やや速い」）M・M♩、♫＝104であった。

太鼓の場合、笠井巫女が稲荷神社のキツネを呼び出した時の太鼓のテンポも同じくアレグレットM・M♩、（♬♬、♬♪）＝104であった。

等間隔に連打される単音、人体の脈拍に同調するテンポ、そしてパターン化するリズム、これらが日常の時間・空間を分節し、場の雰囲気を作り、鳴り響く時間帯が非日常性を演出する。依頼者は冥土、死者の霊・ホトケの存在を意識し、その声を聞くのである。この現象は催眠術の技と類似する。催眠術での単純な振り子運動の凝視・声がけ・言語暗示は、イタコ巫業におけるコンスタントな打奏音と同じ効果をもたらす。

音の現象として、声と巫具の音、その組み合わせのテクスチュアを明らかにしなくてはならない。「テクスチュア」は音楽学の用語で、音・楽器の組み合わせで生じる全体の印象である。

布で例えれば縦糸と横糸の性質と、織り方の違いによって生じる「肌さわり」感である。声としては、右記のように〈語り〉から〈歌唱〉までの様態があるが、その分類は便宜的であり、現象は可変的であり正確にこれらの分類に仕分けはできない。

〈語り〉として多く収録されるのは、口説きに於いてである。口説きに於ける語りかける語調、息づかい、説得のレトリックもイタコ巫業ならではの特徴があり、それは個人によって異なる。青森市の間山タカ巫女は「口説き」のときにも詠唱風の表現を例外的に行なっていた。

歌唱

旋律は、用いられる音組織（旋法）を抽出して、旋律の輪郭線として把握できる。個々の音の長さ＝音価によって分節され、リズム形として現象する。次にフレーズ構造や、テンポ、リズム、声の音質、伴奏楽器（音具）との関係性＝テクスチュア、これらによって歌唱の全体が理解され、把握できる。

文化庁による報告書では、用いられている音組織（旋法）の様態を三種類に筆者が分類し表として示した。（一）音組織、（二）曲種、（三）歌唱者による分類であった。

本書では音組織のみを「表」として示した。そこでは比較の必要上、トーナルセンター（音列の中心となる音高）を1点ト（独語gl）に統一し全音符で表した。

右記の音組織のうち、最も多いのがラ旋法（変ロ長調における第6音を主音とする）であり、アンヘミトニック・ペンタトニック（無半音五音階＝陽旋法）が主流である。ヘミトニック（半音音階＝陰旋法）はわずかに二例のみ（笠井キヨ巫女の「生き口」と「神送り」の旋法E）である。

ここで音組織のサイズ・音域幅を確認する。

◉「神さんだん」　詠唱者笠井キヨ　：音組織：無半音5音、完全5度幅
◉「津軽三十三観音」詠唱者長谷川ソワ：音組織：無半音4音、短6度幅
◉「津軽三十三観音」詠唱者山本しおり：音組織：無半音3音、完4度幅
◉「津軽三十三観音」詠唱者平田アサ　：音組織：無半音4音、短6度幅
◉「サンゴウダテ」　詠唱者笠井キヨ　：音組織は曖昧。
◉「国ガケ」　　　　詠唱者笠井キヨ　：音組織：無半音3音、完4度幅

これらの音楽構造による旋律の一部分を『巫女の習俗Ⅱ青森県』で五線譜に記し、テンポはメトロノーム単位で表した。他のイタコ研究ではなされなかった試みであった。日常語の〈遅い・速い〉は音楽学では意味をなさない。

これらを総合して判断できるのは、前述の如くイタコの誦詠はアンヘミトニック・ペンタト

表　イタコの詠唱における音組織

ニックが主流であり、洋楽の調である長調・短調のトナリティや全音階（ドレミ…）は用いられない。精神状態がいかに憑依していても、また即興であれ、その基本様式を逸脱しないのは、イタコたちの音感の底流に、洋楽に影響される以前の日本音楽の伝統が強く流れていることを示している。それが伝統様式であった。

言語の強調や感情の起伏が旋律に反映されず、固定された旋法と旋律形が繰り返される。その旋律形はイタコ個人によって独自の形がある。その例をあげる。

譜1【葛西サナ詠唱《ホトケ呼び》　肥田野恵里採譜】
譜2【平田アサ詠唱《津軽三十三観音》　笹森建英採譜】
譜3【長谷川ソワ詠唱《オシラ祭文》　宮治陽子採譜】
譜4【笠井キヨ詠唱《岩木山一代記》　笹森建英採譜】
譜5【立石雪江詠唱《ハナコ》　笹森建英採譜】

語の音節が即物的にこの旋律形に割り当てられる。これが、イタコの詠唱の特徴をなし、雰囲気・ムードを作っている。

この中にあって情感を直裁に表現するのが《ハナコ》の詠唱であるので、その構造について述べる。

イタコは低い声で、ゆっくり単調に詠唱する。単調な印象を与えるのは、音組織が単純であり、テンポもＭ・Ｍ♩＝86であるから、ふるえ声も涙をさそうかのような音質である。採譜は冒頭のみで後半を省略している（譜5参照）。

文字としての記録以外では録音、映像記録がある。文化庁の出版事業『巫女の習俗Ⅱ青森県』では録音と映像記録もおこなった。

近年は即物的に音楽を分析するコンピューターソフトが開発され、瞬時に解析し音色や音高をグラフで表示する。しかし、それを意味として読み取るには右に記述したような作業を結局はしなければならない。

声の音色に関しては、アラン・ローマックス（Aran Lomax〈一九一五〜二〇〇二〉）のカントメトリックス（歌の分析基準）があり、声質を三十七種類に分類している。しかし、それをそのままに日本音楽に適用させるのは難しいであろう。

ちなみに、筆者の恩師ヘンリー・カウエル（Henry Cowell〈一八九七〜一九六五〉）の夫人がローマックスと共同作業し、民謡を収集分析している。

譜1 葛西サナ《ホトケ呼び》肥田野恵里採譜

譜2 平田アサ《津軽三十三観音》笹森建英採譜

譜3 長谷川ソワ《オシラ祭文》宮治陽子採譜

に ー さ い こ ま か い に ー そ ー だ ー て ー

譜4 笠井キヨ《岩木山一代記》笹森建英採譜

Tonal System
い わ き さ ん た か が み な れ ど ー も
こ の つ が る ー の く に に う ま れ そ だ た る わ け で は な い

譜5 立石雪江《ハナコ呼び》笹森建英採譜

Tonal System 短3下
ひ ら い た は な を ば か さ に す る
れ ん げ の つ ぼ を ば て に も た せ れ ん げ の く き を ば つ え に つ き
い ち り あ が れ ば あ が り ざ か に い り あ が れ ば あ が り ざ か
い ち り さ が れ ば さ が り ざ か に い り さ が れ ば さ が り ざ か
さ ん ぜ い だ い か わ ふ ね で こ す ひ ら い た は な を ば ふ ね に す す
れ ん げ の く き を ば つ な に し て れ ん げ の ほ を ば ほ に あ げ て

第十章　宗教・信仰

はじめに

イタコの巫業が展開するなかにおいて、人々の信心＝信仰がどのように現れているかを考察する。依頼者とイタコとの関わりかたについて、恐山でのありさまを、「恐山現象」として説明する。恐山の特殊な現象ばかりでなく、古くから伝えられてきた日本の民間伝承であるので「習俗」としてその容態を見る。最後に、イタコと類似するゴミソ、ヨリ祈祷について簡単に述べる。

多くの人が疑うのが、イタコが本当に憑依しているのかについてである。トランス・ポゼション（意識変化と憑依）に関連して、始めに、音楽学者であるジルベール・ルジェと人類学者であるロベールルツ・ハマヨン（Roverte Hamayon）のアプローチを紹介する。

フランスで行われたＩＳＳＲ学会で筆者は両者に会った（一九九七年九月一日〜五日。於：シャンティエ）。ルジェは大御所としての立場にあったためか、研究発表を聞くだけであり、全体に対する感想では「大半の研究は、細部にこだわり、大切のところ、大局的な観点がなく本質をついていない」であった。

彼とは以前、パリで会っており（パリの人類博物館へ在外研究で行っていた頃に一九八二年六月八日、博物館のゼンプ氏宅のパーティ）、私が持参した日本酒を土産にすると、笑顔で「intoxication！　これこそシャーマニズムへの解答である（酩酊・陶酔）」と冗談のように述べた。彼の主著は忘我・憑依を問題とした *La musique et la transe*『音楽とトランス』（一九八〇）であり、原書にサインしてプレゼントしてくれた。著書のサブタイトルは「音楽と憑依の関係に関する理論

写真15　ジルベール・ルジェと筆者（サイン）

Pour Mnsieur Takefusa Sasamori
En souvenir de notre premiere rencontre, en remercient pour ce sur le ITAKO et en tres cordiale
G.Rouget Paris, le 09,06,82

「Esquisse d'une theorie generale des relations de la musiquee et de la possessions」である。

ハマヨン女史の感想は「研究は行為の客観的な観察記録をもってすべきで、宗教思想としての評価や錯綜した理論の構築ではない」であった。その時、ハマヨン女史からは彼女の論文のコピーをもらった。後にも日本へ論文を送付してくれた。

学会では、多くの研究発表を聞き、知人も増え、異なった民族のシャーマンの姿も見聞し、対比により日本のイタコの特質がよくわかった。ハマヨンに倣って、客観的な観察、記述につとめ、ルジェの誠実な人柄に惹かれつつ、本質を極めるべく努力しなければならない。

イタコ巫業の宗教的特質をここで改めて検証する。イタコの巫業には、宗教一般の特質である教会組織がない。教祖が居らず、バイブルの類の教典が全く存在しない。信者集団も組織されていない。ただし、恐山からの要請で、参集するイタコをリストアップして責任者を立てたこともあった。青山セツ巫女の主人が責任者であった（第五章　青山セツ巫女の項参照）。

素朴に死後の世界を措定、存在を肯定する。倫理観があるものの、罪、罰の観念も緩やかで厳格でない。

死を問題とし、異界、冥土、地獄・極楽、聖なる神、ホトケなどを語るので、神道と仏教の要素が混在しているのを感じる。具体的には「神降ろし」と「人間経」の経文にそれをみる。

仏教も日本で民俗化し、風俗や慣習に習合折衷されたので、厳格な仏教哲学を語ることはない。祖霊の観念にしても、それを崇拝の対象、絶対者とはしていない。「岩木山一代記」「金比羅一代記」「オシラ祭文」で語られる神格は礼拝の対象としてではない。その意味でも日本の神道とは異質である。

個人レベルでの信心が基本であり、巫業はイタコと依頼者との直接対面の関係を基本とする。それ以上の結びつきは無く、集団形成の結束力はない。しかし、そのことがが、人々に共有されているのである。信じていることを容認する人々、その巫業を認め、了解する人々がいる。祭りに集まる自分と同質の人々の存在であり、それが習俗となり、伝統として実在しているのである。

憑依の信憑性を問うことは、瑣末で本質をついていないのかもしれない。本書の一章の「口説き」の項で考察したが、ホトケに化身したのか、単に意思を伝達・通訳しているのか不明である。しかしイタコに確認すると、ホトケそのものになった状況であったと述べる者が多い。

ここで改めてイタコが伝承してきた地獄の様相を詳述する。三途の川を渡り、奪衣婆に衣を脱ぎ渡し、閻魔に裁かれるのであるが、イタコの伝承してきた女性が墜ちる地獄と併せて、地獄絵からの知識によっても庶民は地獄をイメージしてきたであろう。地獄絵は教化の手段として為政者にとっても有効であり得た。「空女」、「水子堕ろし」、「石女」、「血の池」は以下のような場所として語られていた。

空女《からおんな》

「空女」とは子供を産む能力のない女性を指す。上からは火の車が身に迫り、下からは黒鉄の俎板が胸や顔に当てられ、焼かれ、斬られるのである。

から女地獄も哀れな地獄　迷いなく　上を見れば火の車　下を見ればなかいの海　黒鉄俎板あて　顔にあて　請じ参らせさぶろうぞや

水子堕《みずこおろ》し

みずこ堕しの地獄も哀れな地獄　迷いなく　剣の山より　追い詰められて　三寸金釘　打ち散らし　行けや歩めと　責められる　月日歳月きたならば　一つの苦患を逃がれるか　請じ参らせさぶろうぞや

劔の山から追いつめられて、三寸釘が打ち散らされた釘原を、「行け、歩け」と獄卒に呵責させられる。骨まで突き通る三寸釘が刺さり、身を引き裂かれる激痛から、月日歳月が経てば逃れることができるのだろうかと叫ぶ。胎児が堕胎された痛み、それ以上の痛みから逃れられない歳月が暗示される。

第三章で述べるが、明治八年（一八七五）の通達に、堕胎、嬰児殺しを禁じ、遺体を川や原野に遺棄してはならないとあった。(1) 避妊、堕胎、嬰児殺しは、明治時代までは法律で禁じなければならない「風俗」であったのだろう。民間に伝承された種々の方法で処置されていたのであるが、遺棄する方法として川に流す、原野へ投棄する習俗があった。それ等への禁制である。

石女《うまずめ》

「石女」とは「産まず女」とあるように、結婚しても子を産まない女性、産めない女性のことである。彼女たちの末路は竹の根を掘る責め苦を与えられる。現世にいたときに、白い犬でも飼っていたなら、その爪を借りて根を掘れただろう。罪を犯した他人の子供を我が子にして育てるなどして、自分の生命以外の生命を育んだなら、「一つの苦患を逃れる」ことが出来たかも知れない。

産まず女地獄も哀れな地獄　迷いなく　須弥山の山より追い詰められて　竹の根をば　掘れよ掘れよと責められて　吾らも娑婆にあるときは　白き犬でも飼てたならば　白き犬の爪を借りても　掘るべきもの　掘れば　これほど罪つくす人の子でも　吾が子に名付けて育てたら　一つの苦患を逃がれるか　請じ参らせさぶろうぞや

血《ち》の池《いけ》地獄《じごく》

血の池は堕胎や流産の時の血からの類想が根底にあると理解する者が多い。罪を犯した者が堕ちる池は広大であり、広さは四万由旬、深さも四万由旬、合わせて八万由旬である。一由旬は十一・二キロに該当する古代インドで用いた距離の単位である。

その広大な池の上に細い糸を張って、端から端まで渡れと馬頭《めず》、牛頭《ごず》の鬼が責めかける。渡り始めるのだが、糸は不安定でたるんでいる。戻ろうとすると突き落とされる。

血の池地獄も哀れな地獄　迷いなく
上の瀬を渡るとすれば　大蛇は三本逆さに流れて　呑むとする
中の瀬を渡るとすれば　剣が三本逆さに流れて　斬るとする
下の瀬を渡るとすれば　広さも四万由旬　深さも四万由旬　併せて八万由旬のその池に
馬頭牛頭の者は　糸を引き架け　橋に架けて　渡れ渡れと　はや責めるられる
渡るとすれども　中たるむ　戻るとすると　突き落とされる
髪は浮き草　身は沈み草　流れ川にて身を許すが　ごぜんの舟に竿さすならば
主ある者もない者も　ごぜんの舟から　乗りおとすな　乗りはずすな

民俗芸能・「鶏舞」で歌われる《七月》の演日の歌詞では、「血の池地獄に身を沈め　飲めや干せやと責められる」と歌い、血を飲まなくてはならない。浮けば血を飲まされ、沈めば筋金を身に通される（青森県教育委員会、一九七七：六四）。

髪は浮き草、身は沈み草、赤い血の池に広がり浮かぶ黒髪、藻草の根の様に沈む白い裸体。

凄惨な状況の描写は美しくもある。そこに後世の舟が通りかかる。舟には誰が救われて乗るのだろう。「乗りおとすな、乗りはずすな」と声の限り切なく叫ぶ。

以上、イタコたちが述べる地獄の様相を記したが、庶民の地獄のイメージは多様である。寺々にある地獄絵を見ているからである。特に北津軽郡金木町雲祥寺の絵図は絵画としても優れ、有名である。本書では南津軽郡黒石市温湯《ぬるゆ》の薬師寺が秘蔵する掛け軸を紹介する。

絵画に描かれた地獄の様相

薬師寺の掛け軸の画家は津軽の絵師、工藤五鳳(2)である。彼の作品は何点かが残されているものの、薬師寺の地獄絵は人に知られていない。小野知行住職は特別に本書のために写真を撮ることを許された。

掛け軸の全体は図４で示した。

図４　工藤五鳳の地獄絵

図５　奪衣婆

奪衣婆《だつえば》

地獄に入る時、最初に会うのが奪衣婆である。掛け軸絵の右下には奪衣婆が衣を積み重ねている。『十王経』によると、三途の川のほとりに生えている依領樹の下に閻魔の妹の奪衣婆がいて、剥いだ衣類を翁に渡す。この奪衣婆は江戸時代末に民間信仰の対象となり、ひろく信仰された。

民間の説話によると、全員が脱がされるのでなく、六文銭を持たない死者が来た場合に、渡し賃のかわりに衣類を剥ぎ取るのだともいわれる。

閻魔《えんま》

死後の世界の支配者であり亡者の罪を裁く。奈良時代には閻羅王といわれた。恐ろしさの代名詞になっているが、地蔵菩薩の化身などの説がある。十王の一人であり、中国の風俗や道教の影響を受けて、着ている衣服は中国風の法衣で笏を持っている。勧善懲悪、因果応報の唱導として裁き、呵責する王とされた。

金岡秀友は「地獄・極楽思想の系譜」の中で、閻魔の本地が地蔵菩薩であり最終的に菩薩になるのだと、次のように述べる。

閻魔は日に度溶銅の白熱した汁を飲んで皮肉を焼いて悶絶する。地獄で最も苦しむ者が閻魔であればこそ、彼は亡者にそれぞれの贖罪の業を科す事が出来るのである。彼は裁くのではなく、人びとが生前はたしえなかった『善業』の補い、『悪業』の消滅を助けるのである。だからこそ、閻魔は、地獄での『裁き』が終れば、姿を変えて、本地の地蔵菩薩になって人びとを慰め、救う（金岡、一九八八：一二）。

五凰の絵図で、閻魔の横に立っている二人は、判決を言い渡す役の司命《しみょう》と判決文を記録する役の司録《しろく》である。

正月と盆の十六日は閻魔の縁日である。地獄の亡者が宥恕《ゆうじょ》される日。使用人も薮入りといって実家に帰る。薮とは草深い田舎をさす。

図６　閻魔

図７　舌抜き　畜生道

舌抜き

太宰治の小説『津軽』に、太宰が子どもの時に金木町の雲祥寺の「地獄極楽図」の舌抜きの絵を見て泣いたと書かれている。嘘をつくと「舌を抜かれる」のだ。雲祥寺の地獄絵では亡者が後ろ手に縛られ、杭に括り付けられ、鬼がヤットコを持って引き抜いている。黒石市薬師寺の絵では、鬼がしゃがんで亡者の舌を引き抜き、血が地面にまで流れている。その絵の下に二人の男性が縛られて描かれている。薬師寺の小野知行住職の説明によると、畜生道（男色、獣姦）に墜ちた人の成れの果てである。悪行の結果、死後生まれ変わる畜生の世界をも暗示している。イタコが女性であるからか女性の堕ちる地獄が主体になっていたが、地獄絵では男性の堕ちる地獄も描かれている。

ことわざに「病は口より入り、禍は口から出る」、「口は善悪の門　舌は禍の根」とある。虚言、暴言の働きをした舌は、閻魔さまに抜かれると子どもには教えるが、この地獄絵で抜くのは、獄卒の鬼である。人は一寸の舌に五尺の身を損ずるのである。

鬼

地獄絵に描かれている獄卒、鬼は人面のほかに顔が馬・牛である。イタコは、顔が馬である馬頭《めず》、牛である牛頭《ごず》が苛むと詠唱する。罰せられる恐怖のまえに、恐ろしい面相の獄卒が睨みつける。

裁く閻魔はいかつく威厳があり、衣を剥ぎ取る脱衣婆の顔は醜悪であり、さいなむ鬼の形相は恐ろしい。地獄絵は教化、布教のために用いられたが、その意図を越えて芸術的絵画として鑑賞できる。人間の文化活動の中で宗教と芸術は共通するものが多い。後述するオシラ祭文、岩木山一代記も経文であり、同時に口承文学として受容されている。

恐山現象

ここで恐山信仰について述べる。前記した地獄と連想される土地が各地にある。金木町の川倉、中里の賽の河原、下北の恐山などである。噴火山で絶えず噴煙が上がり、熱湯が吹き出ている焦熱地獄が連想される。

民間伝承では恐山は死者の山と考えられている。死霊は恐山へ行くと信じられ、阿弥陀像の台座に死者供養、女人往生の文字が記されている。霊山の多くが女人禁制であったのに、ここは登山が許されていたためでもあろう。

イタコが集まる土地として、社会的現象となった。しかし、イタコによる口寄せは、恐山で大正期までは行われていなかった。菅江真澄の紀行文『奥の浦うら』には恐山で行われていた地蔵会の詳しい記述があるものの、イタコの記述は無い。幸田露伴が明治二十五年（一八九二）に恐山訪問した記事「易心後語」にも無い。

明治期になってから、下北半島のイタコが恐山の河原まで上ったかも知れないが、確証は無い。恐山に近い大畑町の立石雪江巫女も恐山には行かなかったと筆者の問に答えた。盲目の人が遠路を徒歩で来るのは不可能であった。

大正十年（一九二一）に野辺地から大湊まで東北本線が開通して、さらに田名部から大畑に鉄道が開通したのは、平凡社の『青森県の地名』によると昭和十四年であった（平凡社、一九八二：二五九）。その結果、下北地方以外の人々が徒歩でなくとも、恐山に行けるようになった。昭和四十年ごろから、テレビなどが大々的に報道して、イタコすなわち恐山の現象との誤解を研究者までもがもつようになったのである。これによって、イタコに対する一般人の印象、イメージが変化したのだろう。変化容態の社会学的な研究も有意義である。

現世ご利益中心の新しい宗教、霊感商法の新興宗教との違いを論じておかなくてはならない。日本の新興宗教は一般に四期に分けられる。一〜三期では神道、仏教、神仏習合などの系列。四期では血縁、地縁、社会の福祉、安寧ではなく、超能力の獲得などを求める個人の精神的内面が問題にされたと考えられる。これらとイタコの巫業は異なる。

しかしながら、現代のイタコの巫業は、昔の霊能者の行為から変質・零落、衰退しているとみなす者もいる。イギリスの民俗学者カーメン・ブラッカーは、イタコが「古代にまでさかのぼる行為をうらぎる」。加えて「盲目の女子の、もう一つの儲かる商売だ」と考えていた[3]。そのように主観を述べるのは自由であるが、イタコを深く理解せず、恐山で憑依するイタコを観察しようとしたのが無理であったと筆者は同情する。全国から集まる依頼者に「口寄せ」をするためには、せいぜい、四・五分で処理しなければならない。それでも依頼者は行列して、二時間くらい待たなければならない時期もあった。

宗教学者の園田稔も恐山で観察して「本当にトランス状態に入ることはほとんどなく、その仏としての語りは祭文風のごく定型的な言葉の組み合わせを出ない」と著書で記している（薗田、一九九〇：三〇）。

イタコは語る。依頼者の聞く・聞かない、聞こえる・聞こえないの後に、内容の肯定・否定、受容・拒否、の反応についても考察する必要がある。

幽霊は幻想としては存在している。その存在を主張する者がいる事を人々は認める。幻覚は知覚（病理学、心理学知見）として、着想（ひらめき）、気分としての視点でみることが可能であり、この区別はむずかしい。無音なのに音を聞いたり、音を別な意味で聞くことがある、宇宙からの音、神の声であったりする。視覚、触覚など五感の全てで人は幻覚を体験する。

口説きで語られた内容が全てフィクションであり、でたらめで、おきまりのフレーズだと依頼者が判断しているのだろうか。第一章「口説きの実例」で考察した事例、そして「ハナコ」の言葉で泣いた母親は単なる演技なのだろうか。ブラッカーは「芸能の範疇に属する」と記しているのだが、演技などでないのは明らかであると筆者は思う。

習俗としての巫業

ある特定の地域での、繰り返される行動パターンを「習俗〔custom〕」の概念で人はくくる。拘束性をもち､その規則性が行動のみによって与えられている場合を「習慣」として把握する。ただし、「習俗」の語は一般に、習慣、慣行、しきたり、生活様式を総称した語としても用いられる。類似概念としてのフォークウェイズ（民衆の思考様式）は個人の習慣が基礎となり、個人が所属している社会の人々が同じ習慣をもっている現象をいう。伝統的な権威をもち、規制力を獲得する。英語で「ハビット」と日常的に用いる時には、身体的反応パターン＝筋肉運動をさす事が多い。イタコの習俗は、津軽地方で個人が要請する宗教的行動パターンであり、その社会成員の多くが承認し、権威を感じ、慣れ親しんできたものである。

イタコの信仰は非公的集団により、集団の機能は強くはない。しかしながら、日本の民間宗教文化の一つとして機能を果たして来た。とくに、女性としての立場からの慣れ親しんだ習俗であったと言えよう。霊的存在として、神、聖霊、死霊、祖霊、生き霊、超自然、非日常的現象など、これらが緩やかにつつまれている宗教である。イタコは口寄せの冒頭で神々を降臨させ、その聖力により他界に関わる。しかし、それらを礼拝することはしない。

「人間経」や「祈祷祓」を詠み、オシラの御神体で疑似治療を行い、祝福儀礼を行うが、もっぱら人々が求めるのは口寄せである。多くの宗教には禁忌が体系化されているものの、イタコにはその体系は見られない。わずかにオシラ神の御神体に対する禁忌が見られる程度である。呪術と宗教を峻別する見解があるものの、イタコの巫業では峻別できない。司祭とシャーマンを機能上から分けることも宗教学ではするが、牧師や神父をシャーマンと人は呼ばない。イタコは司祭的でもありシャーマン的でもある。イタコの巫業によって、民間の人々が要請していた事柄を知る。儀礼が反復され、継続し共有されることによって、過去からの習俗が社会的に記憶され伝達されて、私たちの文化となる。

ゴミソ、ヨリ祈禱

イタコに類似の民間宗教として、ゴミソ、ヨリを津軽では伝えていた。古くから、霊能者の一形態して御夢想《ごむそう》が存在していた。その伝統が引き継がれて現在のゴミソになったと思われる。彼らは夢判断や占いなどをしていた。

ヨリは最近まで南津軽郡の碇ヶ関村にいたが希少な例である。イタコもゴミソも巫儀を一人で行うがヨリは二人、すなわち憑依させるヨリツケと憑依するヨリで行う。

ゴミソに対する禁令が明治期に出されていたので、その布令文をみよう。

明治七年（一八七四）管内布令留

六月五日　巫頬ノ徒ノ所業ヲ禁ズ。

御維新已来巫頬其他總而妖言妄語ヲ吐テ人ヲ　惑スル等之類
御制禁相成候ニ付現今右体之者絶而有之間敷筈之処當管下従
来之習癖ニ而盲覡並大平又ハ御夢想杯ト称シ候者今猶存シ闔

里ヲ徘徊シテ無根ノ怪談邪説ヲ唱ヒ頑民ヲ欺キ……

右記で明らかなように明治期まで、「盲覡《もうげき》」・「めしいの俗僧」、また「大平《おおひら》」や「御夢想」の呼称で知られていた宗教家が存在していた。ゴミソの実態を知るために筆者の体験を記す。

ゴミソM：彼女の出自は超自然的であったと、彼女自身が告げた。彼女の母が、軍人墓地で或る大尉の墓の前の雑草を刈っていた時、大尉の魂が体内に入って、身ごもり、自分が産まれたのだと証言した。

なかなか調査の機会が無いので、筆者自身が依頼者になって、拝んでくれとたのむと、団扇太鼓を叩きながら経文を唱える。その太鼓の拍は強く、座している彼女自身もリズムと共に上下し、寝そべっている飼い猫までゆれていた。彼女は私にお告げをしたが、快適なものではなかった。彼女の家の前庭には小さな社《やしろ》が建っている。

これとは別に筆者が勤務していた大学の近くには、有名なよく当たると言われたゴミソがいた。イタコ調査をしていた頃、或る調査委員の夫人が事あるごとに相談に行っていた。筆者は二度ほど訪ねたが、調査に応じてくれず、いまは他所へ移転していない。

ヨリ祈祷は「依り」と、「依り付け」の形態による霊能者の儀礼である。中世のサニワの形態をとる。福田晃編集『巫覡・盲僧の伝承世界第一巻』（三弥井書店、一九九九）に筆者が詳しく記載している。或るヨリがゴミソ、イタコでも解決できなかった事を処理できた事例を、第八章のオシラ様の「禁忌」の箇所で述べた。

イタコとゴミソの属性の違いは以下のごとくである。

イタコ

盲目の女性（例外有り）

先輩のイタコから伝統を修行する

身上がり（入巫式）がある

経文、祭文がある

口寄せをする

唱え方に様式がある

数珠、弓、太鼓等の音具を用いる

寺院の祭事で巫業をおこなう

イタコ仲間で組織されることがある

ゴミソ

晴眼の男性、女性

自己修行、修行内容は伝統的ではない

修行が終わった証明は無い

特定の経文、祭文などが無い

口寄せはしない

言語表現が様式化されてない

太鼓、錫杖等は用いるが数珠、弓は用いない

祭事に関わった巫業は行わない

組織されない

以上、口寄せの信憑性、恐山大祭の評価、習俗としての特質について検討した。あわせて、ゴミソ、ヨリ祈祷についても説明した。

イタコとゴミソはお互いに対抗意識を持ち、行う巫業内容も異なっていた。大きな違いはゴミソはホトケの口寄せをしないことであった。しかし、最近は口寄せするゴミソが現れている。

それはイタコが少なくなったので、ゴミソに口寄せを依頼する人々がでてきたためである。

註

（1）明治八年（一八七五）十月四日　堕胎ノ悪習ヲ厳禁シ極貧救育ノ方ヲ立ツ
当官下之内僻邑辺隅之人民堕胎害児の悪習厳禁（中略）河中又ハ原野へ投棄該児ノ死體間々浮出事有之趣需ニ如何ナル醜態悪習ソヤ今後右様ノモノハ墓所又ハ当支無之場所へ屹度埋可致事

（2）工藤俊司・五鳳《ごおう》（生年不詳〜天保十二）は弘前藩士、五十俵二人扶持であり、絵を師事したのは毛内雲林（有右衛門茂幹シゲモト・?〜天保八）であった。五鳳は多種多芸であり、両手と口を使って、異なる文字「天照皇太神　八幡菩薩　春日大明神」を同時に書く特技をもった書家としても有名であった。明治期に活躍した平尾魯仙の師であり、三上仙年、高橋竹年、野沢如洋など、津軽でなじみの画家へつながる（中畑、一九九一：八二）。

（3）「イタコは約五分か十分で終わる早い歌うような朗唱を始める。イタコの中で誰一人、トランスに近い如何なる状態に入るものもいないことを確認するのは容易であった。（中略）その上、彼女たちが唱える朗唱は、違う定まった型に分けられることが容易に分かった。」「本当のシャーマン的な霊媒の衰退は、この職業が盲目の人たちの専業になった時に起こったものと推論する。（中略）宗教的招命によるものでなく、増加しつつある盲目の娘のためにもう一つの儲かる職業をみつけることを必要となった時から始まった。」「霊感も超自然的才能もなく永続させている彼らの行為は、古代にまでさかのぼる行為を裏切るものである」（ブラッカー、一九七九：一五四〜一五六）。

結語

各章で述べたことがらの要点を記して結語とする。

（第一章）口寄せ：口寄せでは次の三様態、すなわち「死に口」、「生き口」、「ハナコ」によって語られる事例を述べた。冥界について語るが、イタコにとっては冥界が断絶した異次元の世界ではない。地獄極楽によって来世観が示される。地獄の描写では女性の堕ちる血の池が凄惨である。しかし、変成男子などの難しい思想を経ずとも、遺棄され祀られなかったホトケも無条件に「救われる」と述べるイタコの言葉はありがたい。男性も当然、同じく救われるとみなされよう。

「生き口」は、生存者の霊を呼び出して口寄せをしてもらう巫儀である。これもイタコならではの伝承であろう。戦時中に生死のわからない夫や息子たちと、語り合いたいと依頼する人の心情が哀れであり、それに応える仕事は辛かったとイタコは述懐する。「ハナコ」は、賽の河原にいる幼子との語り合いである。女性にとって自分の分身である子供が、賽の河原で、石積み、花摘みをしているだろう様子をまなこに浮かべ、くやみ悲しむ。その心を、イタコは慰める。「口説き」の実例では、ホトケと依頼者の対話が深い感動を覚えさせる。

（第二章）名称：梓巫女などの名称で古くから記述されてきた霊能者だったが、津軽地方では「イタコ」に統一されて呼ばれている。その語源に関しては諸説があり、菅江真澄の「委託」などがあるものの、いつの時代から誰によってそのように呼ばれたかを明らかにするのは困難である。「斎く」、すなわち汚れを忌みつくして、清らかに神に仕える「イチコ」が原義であるとするのが、巫業の内容や成立過程から推して、ふさわしいであろう。

（第三章）歴史：津軽イタコの記録は『永禄日記』、『平山日記』並びに菅江真澄の記述があるものの、それを遡る資料を見出すことができなかった。

明治期から現代までの歴史では明治政府による禁制が重大な問題であった。近代化のために必要と考えた明治政府の施策、そしてイタコが当時どのように把握されていたかがわかる。しかし、他の民間習俗が禁制にもかかわらず存続したようにイタコも現代まで存続した。禁制自体に問題があっただろう。ただし、近年は急激に衰退した。その理由は、伝承者が盲目の女性、厳しい修行、身上がり儀礼を必要とする条件にあっただろう。

（第四章）巫業：この章では、霊能者としての特質を検証し、憑依の条件であるトランスを「神憑りのメカニズム」として分析した精神医の所見を紹介した。口寄せ以外の巫業行為が多くあり、それはシャーマンと呼ばれる他民族の宗教者にない特質であることを強調した。用いる巫具として、弓、数珠などをあげ、特に弓ではその効用やシンボリズムまでを明らかにした。

（第五章）イタコの生活：身体障がい者（盲目）であるものの、個人的な家庭生活、結婚などは通常の女性と変わらない。しかし、行う儀礼の目的や場所、時間からして他の宗教者にはないものがあった。それは、自宅での仕事、集落の儀礼、イタコ大会、恐山などでの祭礼の仕事であった。

（第六章）加持祈祷：イタコの習俗内容を知るためにも、民間の病気観の歴史を知るためにも優れた資料である。特に異界霊が憑依したと解された人々の実態、それに対応した人々の様態が知れる。キツネ憑きなどの精神疾患への対応もイタコに求められていた。その対応の一端を事例として上げた。

（第七章）祝福儀礼、祈祷祓の経文：この種の経文を読むと、民間信仰、年中行事の一部をイタコが担っていたことがわかり、過去の年中行事の姿を窺い知ることができる。言祝ぎの経文は、内容の特殊性によって価値があり、かつては家ごとに祝福して歩いた形が残存していると解釈できる。昭和初期まであった懐かしい習俗であった。

（第八章）祭文：「オシラ祭文」、「岩木山一代記」、「金比羅一代記」が津軽のイタコに伝わる物語であり、神の物語を一人称で語るのであるが、必ずしもイタコが神に憑依して語る形をとらない。この事実が物語成立の条件の一つとして解釈されよう。しかし、なぜこの三つの物語に限定されたのだろうか。その理由も考えなくてはなるまい。異類婚・アブノーマルな婚姻の結果うまれたのが聖なる神となる（オシラ）、望まれずうまれた娘が高神となり山に鎮座する（安寿）。病気ゆえに海に遺棄された者が航海の神となるのである（金比羅）。すべて苦難を通して神となる一連の「苦しむ神」の話である。物語としての機能が宗教儀礼の機能よりも優っていた。その理解は、どのような場で、誰を対象として、どのように語るかにあった。「物好きな者や研究者が聞きたがるので語る」とか、「イタコ大会で面白く粉飾して語る」などとイタコは言う。そのために、実際の書き起こし文には、場の客観的分析が必要であり、それらが研究者にないがしろにされていたことを指摘した。

（第九章）音・音楽：巫業における音・音楽の重要性は、イタコが盲目であるから殊更に問題となる。音、声としての現象は、特に口寄せ行為には重要である。語り伝える概念、意味よりも音、声が言葉の意味に先立つのである。それは信心、信仰が理性に先立つと云うのになぞらえることもできる。繰り返すが、言葉の意味よりも音、声そのものの特質なのである。語り口調から、旋律・音楽として把握できる様態まで分析した。音楽に関し、総合して判断できるのは、イタコの誦詠はアンヘミトニック、ペンタトニック（無半音五音構成）が主流であり、洋楽のトナリティ（調性）や音階を用いることはない。精神状態が如何に憑依状態にあっても、その様式を逸脱しないのは、イタコたちの音感の底流には洋楽に影響される以前の日本音楽の伝統が強く流れていることを示している。音域も広くなく、五音階の定型フレーズが淡々と繰り返される。この繰り返しが、長大な祭文であっても守られている。言葉の劇的な変化に即応させ旋律を変えることはない。むしろ独特のムードはこれによって醸しだされている。

（第十章）宗教・信心：憑依の信憑性について論ずべく、フランスの学者ルジェとハマヨンと、筆者の交流で得た研究姿勢の要点を述べた。恐山とイタコとを結びつけてイメージする者が多い。地獄の様相との連想があったためである。恐山現象がどのように展開したかを観察・評価し、恐山現象以外の巫業について「習俗」として論じた。また類似のゴミソ、ヨリ祈祷についても取り上げた。

全ての章を閉じるに当たり、ここで改めて憑依について、さらに検討する。津川武一は精神病理学的観点から脳波を測定し、平田アサ巫女に徐波を観察したが、他のイタコには観察されなかったと『巫女（イタコ）――神憑りのメカニズム――』（一九八九）で述べている。徐波とは、脳から出る低周波のうち、遅い波を言う。平田アサ巫女はよく当たるイタコとして有名であった。しかし他のイタコに徐波は観察されなかったので、脳波だけでは巫業の実態が解明されない。但し、平田アサ巫女の直感の鋭さと徐波とは関連するのかもしれないと筆者は思う。

口寄せを依頼者が求め、ホトケの言葉を依頼者が信ずる行為については理解が可能である。

しかし、イタコは自身の憑依をどのように把握しているだろうか。また宗教学者はどのように観察し、分析しているだろう。フランスの学者ルジェは自身の著書『*La musique et la transe*』でトランスの様態を詳細に記述している。

日本では明治期以降、心理学的研究が民間の宗教家を対象として、行われはじめた。すなわち、巫覡・盲僧・ゴミソなどと呼ばれた降霊術者を狐憑病患者として研究しようとするものであった。ゴミソやユタと言われる人の中には、自身の心の問題を解決し、病気を克服して、その後に霊能者になった者もいる。しかし、津川はイタコを精神病患者、「病」と規定すべきでない、イタコの神懸かりは祈祷性の特殊精神状態であると述べている。

沖縄のユタが波打ち際まで浜辺を何往復もして神憑りを得ると筆者に説明したが、過激な運動が有効である。断食、沐浴、不眠、酒、麻薬などによって憑依を訓練できる。しかし、口寄せは憑依の精神状態だけでなく、口寄せの処方を学習し、訓練しなければならない。イタコの修行では、師匠が伝承して来た技を習い、自分の経験を一回一回磨きあげる。津川は「イタコは神憑りと口寄せの一点に向かい、命をかけて修行したのである」と述べる（津川、一九八九：一二三、一二七）。口寄せを頼まれた時、その度に失神し、度毎に憑依することは必ずしもしない。一度、過去の身上がりで体験した憑依の精神状態を再現させる。その意味では再現の降霊術である。

ターミノロジイ（学術用語）としてのシャーマンとイタコについて以下の様に整理したい。一人の霊能者が霊媒型から、予言者型に移行したり、複数の型を兼ね具え、状況に応じて使い分ける事例もあるので、シャーマニズム分類概念にあてはめるのは慎重でなければならない。

イタコは伝統を習得する事が必要条件であるため、召命型でないと言われるものの、盲目である事自体が「召命」なのであると解する者もある（波平、一九九三：七七）。以上から広義のシャーマンに類似している要素があるにしても、狭義での特定の宗教者シャーマンであると規定しない方がよい。筆者は一貫してこの立場をとった。

イタコの資質・特性は、依頼者からの視点に立てば、第一章の「口説き」の項で考察したように、超越的な現象の顕現である。キリスト教やイスラム教における「啓示」との対比が参考になろう。救いを必要とし、救われるのであるが、それを保証する絶対者の存在は何であろうか。イタコ本人にも絶対者として信頼を置く根拠が見出せない。ホトケ（死者の霊）に絶対性を担わせる根拠もない。

イタコは口寄せにあたって、権威あるものを先ず唱え、儀礼の場に顕在させ、その加護のもとに霊界に赴く。権威あるものの名は、第四章の「弓」の節でその一部を示してあるが、笠井キヨ巫女が数え上げるのは十五余の神仏である。神仏混合の聖なる存在を認識しているものの、習俗として受容してきただけであった。対峙する絶対者との調停を鋭く考究した現代のプロテスタントの厳しい神学のようには、裏付けられてない。さりながら、実体験としての超自然との接触、交流は真実味を帯びているのである。

三途の川を渡ると私たちは、着ていた虚飾の衣を奪衣婆の前で脱ぎ、素裸のまま、浄玻璃の鏡の前にたち、全ての過去が再確認させられる。そして、閻魔に行くべき地獄の場所が告げられる。地獄のどの場所も恐ろしい。罪業による刑罰は悲惨である。女性は血の池に沈み、むせる。苦しみは償うのに十分な大きさであり、故に最後にもたらされるのが救いの舟であった。

口寄せのトポロジー（位相空間論）として、さらに解明を試みる。位相の基本は依頼者とイタコとの位置関係である。対面を基本として、座し向かい合う距離は、お互いの声が聞こえる一メートル前後であり、息遣いまで聞き合える。社会生活の中での自己と他者の位置関係のありようが反映されている。口寄せの時間が、過去と未来が溶合した「現在」の持続であり時間の観念すら失せるように、場所においても同じである。亡き人と過ごしたあの懐かしい場所でもなく、何処の場所でもない、すべての場所が抽象されているというより、場所の観念すら失せる。

私たちは、過去と未来の間に宙づりになった時間に、そして失なった場所と、いるだろう未来の場所との間に浮遊している。口寄せの時間では、この世にホトケたちは帰ってくる。墓が最終の住処でないと詩人が詠う。ホトケが帰ってきた冥界の位置を人々はどのように考えていただろう。地獄極楽については前述した。

見方を変えると、依頼者は今、此処でという瞬間でありながら、過去と来世の時空間にいるのである。その異なった次元は断絶していない。

口寄せはイタコにとって中心的な巫業である。依頼者たちが何をイタコに求めているのだろうか。依頼者の精神生活のもっとも危機的で重大な問題が何であったかを感じさせる。

死者がこの世に残した怨念を慰撫し供養とする目的も口寄せにある。そして依頼者は自分自身の迷妄を解決させるために、死者を呼び寄せ、知恵を聞く。一方的に、受動的にうけたまわるばかりでなく、対話によって知恵を獲得し、新たな生き方、どのように生きれば良いのかの指針を見出す。私たちの先祖への、不意にいなくなった冥土の友人、不条理にも先に逝った愛児や肉親に対する切実な情感を吐露し、かれらと対話する。イタコたちは自身の修行と経験によって、それらに応えてきた。時代の風雪に耐えた伝統・習慣・習俗に問題を解く知恵が彼女らの巫業に秘蔵されていた。過去を学ぶのは死者から学ぶことであった。

今回の著述に当たって確認のために、以前の調査テープをなつかしく聞いた。対話には視線が意味を持つのだが、声・言葉だけである。彼女らが盲目であることが「声」の真実さを強化していた。

口寄せでは不可逆の過去が、声としてそこに実在したのである。真摯にイタコと向き合えばホトケの言葉は、耳に聞こえ、意識に差し込み、現実となる。しかし、「ホトケ送り」、「神送り」で口寄せが終わると、その後に訪れる時間、生きなければならない現実を突如として悟り、私たちは青ざめ、その衝撃に泣きたくなる。ちょうど筆者が恐山で聞いた若い女性の声のように大声で。

イタコは貴重な精神文化の伝統を今に伝えてくれたのである。口寄せで詠唱された〈後世の舟〉は全ての人に用意されている。

補　遺——口寄せの経文——（笠井キヨ巫女による）

左記の経文は笠井キヨ巫女が一九八五年に詠唱した「口寄せ」儀礼の前段の全文である。本書では、それぞれに該当する箇所で部分的に引用したが、全文を読むことで経文に流れている雰囲気を感じることができる。

アーアー　アーー　イヤーーアー　ハア　まづ打ちならしの
一の弓の　はじめをば　この所の神まで　請じ参らせさぶろうぞや
二の弓の　音声をば　村々神まで　請じ参らせさぶろうぞや
三の弓の　ひびきをば　日本が六十六ケ国の　数の垂迹からまで　請じ参らせさぶろうぞや
この弓とは　何處の弓とは　伊豆の国　まさしが島の　曲げ弓ならば
張るゆみ　き弓　ヒノキやサワラの弓　重藤の弓
八尺の弓　五尺三寸の弦掛けて　三尺の打ち竹ならば

もと弭弓は　月山羽黒へ　乗り給う
なか弭弓には　薬師十人　乗り給う
うら弭弓は　倶利伽羅王の不動の　乗り給う　請じ参らせさぶろうぞや
十六の大国　五百の中国　じしんの小国　無量はさん国
東は南海　補陀落　神明南は　羽黒の千鳥権現　西は阿弥陀観音　北は北陸佐渡島
四方四角に　四つの神明　稲荷は八幡　三がくりんず　うずまさ明神　諸国そ八千軒の神や
まずや　松虫　数二百まで　招じ参らせさぶろうぞや
因幡の国　大仙の宮　瀬田の観音　もろずに大仏までに　請じ参らせさぶろうぞや
大杉山　小杉山　米山薬師の九重ケ森　たかしぐ薬師まで　請じ参らせさぶろうぞや
一ぽん父がはまがの大明神　母ならかんばら大日までに　請じ参らせさぶろうぞや
虫の数と申し聞くこそ　虫の数は五万五千　虫の数
つの虫　かわ虫　こげ虫　けしりょう虫　ぬか虫　け虫　たぶらん虫
まずや　まつ虫　すず虫までや　請じ参らせさぶろうぞや
こおろぎ　はたおり　きりぎりす　この観音
おりくず　山窩の　獣物からまで　請じ参らせさぶろうぞや
鳥の数と申し聞くこそ　鳥の数は七千七十八つの　鳥は　孔雀　くみょうは　かしわの鳥　鶴

や　こうの鳥　うずら　鶯　つぐみ　つばくら　うるわしとんど　ひばりや　しじゅうがら
あわ鳥　ひ鳥　すずめ鳥まで　請じ参らせさぶろうぞや
身は鳥と申し聞くこそ　神や仏の憐れむとて　人の手飼になりたまえ
菩薩は何処とあたわり　請じ参らせさぶろうぞや　鳥の数ともうし
米山薬師の九重ケ森　登り詰めれば　塚さ一つ
一つの塚さは　阿弥陀如来　二つの塚さは　ホトトギス　まこと冥途の鳥ならば
箱根の山とて　山もある　紫色の数もある　三途の川とて川もある
その川に親の不孝なる鳥が住む
羽は波にたたまれて　足はじゃいやにおくられて　頭は氷に詰められて
じごくと　ひとをあしきがんむ　動くとすれど足きかぬ　歩くとすれども足きかぬ
春の彼岸じゃらくが来たならば　氷は溶けてじゃあやとなる　じゃあやは溶けて水となる
こうやの山に飛び上がる　東むいて父おがむ　西むいて母おがむ　南むいては寺おがむ
北をむいて　南無阿弥陀仏　四方浄土へ有難や　請願成仏　請じまいらせさぶろうぞや
高き所にお堂が建つ　低き所に寺が建つ　夏くる修行の者は薄き衣でとうきしがんだ
冬くる修行の者は厚き衣でとうきしがんだ　ひがあるものずい　一夜の宿
呉れてやれ　請じ参らせさぶろうぞや

一つや二つの幼き者よ　三つや四つの幼き者よ　五つや六つの幼き者よ
七つや八つの幼き者よ　九つ十までの幼き者よ　賽の河原へ　請じ参らせさぶろうぞや
十一や十二の幼き者よ　十三や十四の幼き者よ　十五や十六の幼き者よ
十八　二十　二十五　二十五までの者は　請じ参らせさぶろうぞや
罪深き者の行くときは　浅い所も深くなる　低い所も高くなる　かみのはしらも絶えはてて
浄玻璃の鏡も掛けるなりや　請じ参らせさぶろうぞや
罪なき者の行くときは　高いい所も低くなる　深い所も浅くなる　かみのはしらを絶つにごしょう　浄玻璃の鏡も下ろすなり　請じ参らせさぶろうぞや
地獄の数は一三六地獄　紺屋地獄　鉢屋の地獄　蝋屋の地獄　鍛冶屋の地獄も哀れな地獄
迷いなく　がくどい地獄は哀れな地獄　迷いなく　がくどい　きわどい　つきりどい
はいどの果てまで　請じ参らせさぶろうぞや
から女地獄も哀れな地獄　迷いなく　上を見れば火の車　下を見ればなかいの海　黒鉄俎板あて　顔にあて　請じ参らせさぶろうぞや
みずこ堕しの地獄も哀れな地獄　迷いなく　剣の山より　追い詰められて　三寸金釘
打ち散らし　行けや歩めと　責められる　月日歳月きたならば
一つの苦患を逃がれるか　請じ参らせさぶろうぞや

産まず女地獄も哀れな地獄　迷いなく　須弥山の山より追い詰められて　竹の根をば
掘れよ掘れよと責められて　吾らも娑婆にあるときは　白き犬でも飼てたならば
白き犬の爪を借りても　掘るべきもの掘れば　これほど罪つくす人の子でも
吾が子に名付けて育てたら　一つの苦患を逃がれるか　請じ参らせさぶろうぞや
血の池地獄も哀れな地獄　迷いなく
上の瀬を渡るとすれば　大蛇は三本逆さに流れて　呑むとする
中の瀬を渡るとすれば　剣が三本逆さに流れて　斬るとする
下の瀬を渡るとすれば　広さも四万由旬　深さも四万由旬　併せて八万由旬のその池に
馬頭牛頭の者は　糸を引き架け　橋に架けて　渡れ渡れと　はや責めるられる
渡るとすれども　中たるむ　戻るとすると　突き落とされる
髪は浮き草　身は沈み草　流れ川にて身を許すが　ごぜんの舟に竿さすならば
主ある者もない者も　ごぜんの舟から　乗りおとすな　乗りはずすな
この船に　請じ参らせさぶろうぞや　請じ参らせさぶろうぞや

引用・参考文献（五十音順）

記述の順序は 1．著者・筆者、2．出版年、3．『書名』または「論文名」、4．（出版社）、論文の場合、掲載された著書の該当するページを p. または pp. とした。
外国人の場合、姓をカタカナで書き、姓 名を原語で書き、翻訳がある場合その情報を続けて記した。

刊行物

青森県教育委員会 一九七七年『青森県無形民俗文化財調査報告書1集 鶏舞』（青森県教育委員会）
一九八八年『青森県の民謡——民謡緊急調査報告書——』（青森県教育委員会）
青森県史編さん民俗部会 二〇一四年『青森県史 民俗編 資料 津軽』（青森県史民俗部会）
青森県文化財保護協会 一九七九年『みちのく双書 第一集』（山崎立朴 一七七八年『永禄日記』）（青森県文化財保護協会）
一九七九年『みちのく双書 第二十二集』（平山半左衛門 一八〇三年『平山日記』）（青森県文化財保護協会）

青森県民族音楽研究会　一九九五年『イタコの経文・祭文資料～目録～』（青森県民族音楽研究会）
青森県民俗文化財等保存活用委員会　二〇一二年『津軽のイタコの経文・祭文』（青森県民俗文化財等保存活用委員会）【ＣＤを含む】
アリエス（Aries, Philippe）　一九八三年『図説　死の文化史――ひとは死をどのように生きたか――』福井憲彦訳　一九九〇年（日本エディタースクール出版部）
アングルス（Angles, Jeffrey）　二〇一二年「それぞれの『さんせう』」坂口昌明『安寿――お岩木様一代記奇譚――』（ぷねうま社）pp.261-276
安藤房治　二〇一七年『青森県障害児教育史』（北方新社）
池上俊一　二〇一六年「音と声から立ち現れる新たな歴史像」岩波書店『思想』二〇一六年十一月、No.1111号（岩波書店）pp.2-5
出雲臣広島　七三三年『出雲風土記』↓武田祐吉
一戸町教育委員会　一九八七年『オシラサマ』（一戸町教育委員会）
ウエスタホーベン（Westerhoven, James）二〇〇九年『Voices from the Snow –Tsugaru in Legend ,Literature, and Fact』（Hirosaki University Press）
内田武志・宮本常一編　一九七一～一九九〇年『菅江真澄全集』第一～十二巻（未来社）
　一九八〇年『菅江真澄遊覧記』第一～五巻（平凡社）
内田邦彦　一九二九年『津軽口碑集』（郷土研究社）
長部日出雄　一九八九年「雪のなかの声」（長部日出雄『津軽世去れ節』（文藝春秋）
金岡秀友　一九八八年「地獄・極楽思想の系譜」金岡秀友他『図説日本仏教の世界⑤　地獄と極楽』（集英社）pp.12-33
カルパティ（Karpati, Janos）一九九八年 TANC A MENNYEI BARLANG ELOTT.（Budapest: Kávé）

川村邦光 二〇一五年『弔いの文化史―日本人の鎮魂の形―』（中央公論新社）

干宝『捜神記』竹田晃訳 一九六四年 平凡社、東洋文庫10（平凡社）

木村宏子、笹森建英 一九九〇年「わらべ歌と性教育」『弘前大学教育学部紀要』第12号（弘前大学教育学部）pp.1-18

岸辺成雄、笹森建英 一九七六年『津軽箏曲郁田流の研究 歴史篇』（津軽書房）

喜多村信節 一八三〇年『嬉遊笑覧』早川純三郎編 一九七九年『日本随筆大成』（吉川弘文館）

工藤白龍 一七九七年『津軽俗説選拾遺』青森県叢書刊行会編 一九五一年（青森県学校図書館協議会）

黒住真 二〇〇二年「死」大貫隆他編『岩波キリスト教辞典』（岩波書店）pp.456-457

小井川潤次郎 一九七七年『おしらさま・えんぶり』（伊吉書院）

小島憲之校注 一九七四年『万葉集』（小学館）

小山弘志他編 一九七五年『日本古典文学全集34 謡曲集 二』（小学館）

今野圓輔 一九六九年『馬娘婚姻譚』（岩崎美術社）

斉藤直芳 一九六八年『現代弓道講座』（雄山閣）

坂口昌明 二〇一二年『安寿―お岩木様一代記奇譚―』（ぷねうま社）

桜井徳太郎 一九七七年『日本のシャマニズム 下巻 民間巫俗の構造と機能』（吉川弘文館）

一九八〇年『民間信仰辞典』（東京堂出版）

一九八八年『日本シャマニズムの研究 上巻―伝承と生態』（吉川弘文館）

酒向伸行 一九九二年『山椒大夫の研究―安寿・厨子王伝承から説経節・森鷗外まで―』（名著出版）

笹森建英 一九九二年A「芸能と音楽」工藤睦男編『大畑町史』（大畑町役場）pp.831-914

一九九二年B「平尾魯仙」加藤秀俊他編『江戸時代 人づくり風土記2―ふるさとの人と知恵 青森』（農山漁村文化協会）pp.358-370

一九九七年 'Therapeutic Rituals Performed by Itako (Japanese Blind Female Shamans)', Max P. Baumann ed. *Music and Healing in Transcultural Perspectives The World of Music*, Vol. 39, No. 1 (Bamberg: Otto-Friedrich Univrsity of Bamberg)
一九九九年「巫覡と音・音楽」福田晃他編『巫覡・盲僧の伝承世界　第1集』(三弥井書店) pp.3-28
二〇〇九年 'Gomiso and Itako: Folk Religion in Tsugaru' Westeroben ed. *Voices from the Snow.* (Hirosaki University Press) pp.193-215
二〇一二年「縄文琴に関連する研究」鈴木克彦編『縄文琴の研究——世界最古の現存出土弦楽器——』(弘前学院大学　地域総合文化研究所)
二〇一三年『つがる音の泉——随想と論考——』(弘前学院出版会)
笹森建英・西東克介・森田猛　二〇〇八年『日曜の朝に——辛口一筆時事随想——』(弘前学院大学)
ザックス(Sachs, Curt)一九六六年『楽器の歴史　上・下』柿木吾郎訳(全音楽譜出版社)
島薗進・安丸良夫他　二〇一九年『民衆宗教論——宗教的主体化とは何か——』(東京大学出版会)
シュナイドマン(Shneidman, Edwin)一九八〇年『死にゆく時——そして残されるもの——』白井徳満他訳 一九八〇年(誠信書房)
末木文美士　二〇二〇年『日本思想史』(岩波書店)
菅江真澄　→　内田邦彦・宮本常一　一九七一年(未来社)、一九八〇年(平凡社)
関根裕　一九八九年「弓」平野健次他監修『日本音楽大事典』(平凡社)　pp.259-265
「弦楽器」平野健次他監修『日本音楽大事典』(平凡社)　pp.240-242
薗田稔　一九九〇年『祭りの現象学』(弘文堂)
高城和義　一九九〇年「人間の条件と医療——晩年パーソンズの医療社会学——」岩波書店『思想』二〇〇

〇年九月（岩波書店）
高達奈緒美　一九九五年「血の池地獄の絵相をめぐる覚書」坂本要編『地獄の世界』（北辰堂）pp. 557-690
高畑直彦他著　一九九四年『憑依と精神病――精神病理学的・文化精神医学的検討――』（北海道大学図書刊行会）
高松敬吉　一九八三年『下北半島の民間信仰――巫俗と他界観に関する民俗学的研究――』（伝統と現代社）
一九九三年『巫俗と他界観の民俗学的研究』（法政大学出版局）
竹田晃訳　一九八七（一九六四）年　干宝『捜神記』、平凡社 東洋文庫10、（平凡社）
武田祐吉編　一九七九年『出雲風土記』（岩波書店）
田中秀和　一九九七年『幕末維新期における宗教と地域社会』（清文堂出版）
種村宗八編　一九七五年『源平盛衰記』（藝林舎）
津川武一　一九八九年『巫女（イタコ）――神憑りのメカニズム――』（民衆社）
東奥日報社　一九八一年『青森県百科事典』（東奥日報社）
中畑長四郎　一九九一年『津軽の美術史』（北方新社）
中村タケを記録する会　二〇一三年『イタコ　中村タケ』（アド・ポポロ社）
中村禎里　二〇〇〇年「たぬき」福田アジオ他編『日本民俗大辞典　下』（吉川弘文館）pp.52-53
中村元　二〇〇八年『仏教語大辞典』（東京書籍）
波平恵美子　一九九三年『病気と治療の文化人類学』（海鳴社）
成田守　一九七八年『盆踊りくどき』（桜楓社）
鳴海助一　一九五七年『津軽のことば』第一巻～第十巻（津軽のことば刊行委員会）
ニールセン（Nielsen, Kai）一九九〇年「不可知論（Agnosticism）」須田朗訳『西洋思想大事典』（平凡社）、4巻　pp.55-67

花山信勝　一九三七年『原本校註漢和対照　往生要集』（小山書店）
ハマヨン（Hamayon, Roberte N. A.）一九九五年 'THREE-STEP HISTORY OF A LONG SCHOLARSHIP ON SHAMANISM': *DEVILIZATION, MEDICALIZATION*, IDEALIZATION. To put an end to approaches of shamanism based on "trance" or "ecstasy". Report of THE LOUIS H. JORDAN LECTURES IN COMPARATIVE RELIGION.
早川純三郎編　一九七九年『日本随筆大成別巻9　嬉遊笑覧』第三巻（吉川弘文館）
平野健次他監修　一九八九年『日本音楽大事典』（平凡社）
平山半左衛門　一八〇三年『平山日記』→青森県文化財保護協会編
福田晃他編　一九九九年『巫覡・盲僧の伝承世界第一巻』（三弥井書店）
ブラッカー（Blacker, Carmen）一九七五年 *THE Catapla Bow*: A Study of shamanistic Practices in Japan. (London: George Allen and Ubwin Ltd.) 秋山さと子訳　一九七九年『あずさ弓』（岩波書店）
文化庁文化財保護部　一九八五年『民俗資料選集14　巫女の習俗Ⅰ　岩手県』（国土地理協会）
一九八六年『民俗資料選集15　巫女の習俗Ⅱ　青森県』（国土地理協会）
一九九二年『民俗資料選集20　巫女の習俗Ⅲ　福島県』（国土地理協会）
一九九三年『民俗資料選集21　巫女の習俗Ⅳ　秋田県』（国土地理協会）
平凡社　一九八二年『日本歴史地名大系 第2巻　青森県の地名』（平凡社）
一九八九年『日本音楽大事典』（平凡社）
松木明　一九八二年『弘前語彙』（弘前語彙刊行会）
松村博司　一九七四年『栄花物語全注釈』（角川書店）
松本三之介　一九七二年『国学政治思想の研究』（未来社）
ミウラ（Miura, Sadatsugu）一九七六年 'Itako and Azusayumi', Fumio Koizumi et al. ed. Asian Musics in an

Asian Perspective; Report of [Asian Tradional Performing Arts]（平凡社）

陸奥新報　二〇〇七年「〝除霊で放火〟男に三年求刑」（『陸奥新報』二〇〇七年二月十七日、第三面）

森勇男　一九八六年『霊場恐山物語』（波岡書店）

一九九一年『下北のイタコ物語』（北の街社）

一九九五年『霊山恐山と下北の民俗』（北の街社）

森山泰太郎　一九八一年「安寿・厨子王伝説」東奥日報社編『青森県百科事典』（東奥日報社）pp. 65-66

柳田國男　一九一一年「『イタカ』及び『サンカ』」（『人類学雑誌』二七巻六号）

一九七五～一九七七年『定本　柳田國男集』第一巻～第三十一巻（筑摩書房）

山折哲雄　一九七六年『日本人の霊魂観――鎮魂と禁欲の精神史――』（河出書房新社）

山上貢編　一九七三年『新編　津軽三十三霊場』（陸奥新報社）

山崎立朴　一七七八年『永禄日記』→青森県文化財保護協会編

山路興造　一九八九年「祭文」平野健次編『日本音楽大事典』（平凡社）p.68

山田孝雄　一九一五年『校定　平家物語』（東京宝文館）

吉田富久一　一九九四年『終生の想い出に』（吉田富久一）

吉田光邦　一九七七年「『年中行事絵巻』考」小松茂美編『日本絵巻大成8　年中行事絵巻』（中央公論社）

ルジェ（Rouget, Gilbert）一九八〇年 *La musique et la transe*-Esquisse d'une heorie generale des relation de la musique et de la possession. (France: Gallimard)

英訳：Biebuyck Brunhilde 一九八五年 *Music and Trance*: A Theory of the Relations Between Music and Possession. (Chicago: University of Chicago Press)

ワルター、フリードマン（Walter, Mariko N. and Fridman, Eva J. N. ed.）二〇〇四年 *SHAMANISM* An Encyclopedia of World Beliefs, Practices,and Culture (Santa Barbara: ABC CLIO)

映像

歴史民族博物館 一九九三年 『津軽のイタコ』(桜映画社)

録音

青森県民族音楽研究会 一九九五年 『津軽のイタコ』〈MD四十三巻〉(青森県民族音楽研究会)
青森県民俗文化財等保存活用委員会 二〇一二年 『津軽のイタコの経文・祭文』〈CD四枚〉(青森県民俗文化財等保存活用委員会)

あとがき

調査時のことを思いおこす。三十余年前の過去であるが、訪問して上がり込んだイタコの住居、質素な生活の様子などである。善意をもって彼女らはありのままに誠実に語ってくれた。

多くのイタコに接し、巫業の実際に触れ、また可能な限り多くの資料を参照して記述したが、記述の主な部分は笠井キヨさんからの情報であった。笠井キヨさんは幼児期に視力を失って、厳しい修行を卒って、一人、イタコとして五所川原市に住んでいた。調査のためであったが、たびたび接しているうちに、姉のような優しさを感じた。旅行を拒んだのに、無理に無理をさせて、津軽から愛知県新城市までデモンストレーションに行くのをお願いしたこともあった。

老人施設の茜荘に入所を決めるまでに随分と思い悩んでいた。別れの時に、しんみりと私に告げた、「笹森先生には本当にお世話になった。私の方が先に行くだろうから、あの世で、先生を見守って居てあげる」。それが玄関を出る時の言葉であった。

亡くなった知らせを、施設の職員から受けた。肉親でもない私に、知らせをするようにと職員に話していたのだろう。彼女はこの著書が刊行されるまで見守ってくれているに違いない。最後の仕事を共にした三隅治雄氏の紹介で錦正社からこの著書が刊行できる因縁の不思議さを思う。

著書にしようと思ったのは二〇一六年のころであったが、イタコ以外の雑多な事柄に関心があり、筆が進まなかった。二〇一八年の十月、弘前大学のソロモン講師が彼の研究仲間の一員になってもらいたいと申し出た。私の分担はイタコの音楽的特色がテーマであった。そのプロジェクトがイタコの仕事をまとめさせる動機になった。彼のプロジェクトは中断されたが、彼は私の原稿のすべてを英訳してくれることを申し出てくれた。それがなかったら、いつまでもまとまらなかっただろう。深く彼に感謝する。

さらに感謝すべきはイタコの遺族たちであり、一様に彼らの母親の業績を記録してくれることを承諾してくれた。むしろ誇らしく思っていた。

共同研究者であった仲間にも多くを学んだ。文章を斉えてくれた勤務先の職員・種市洋平氏、参考資料としての写真を撮影してくれた下田雄次氏、彼は追加調査も献身的にしてくれた。イラスト・図版等を作成、本文への編集の煩雑な仕事をいとわなかった今翔太郎氏、表紙のデザインを作成していただいたデザイナーの小野真理子氏、以上の方々に謝意を表す。
出版社へ推薦していただいた三隅治雄氏、仲介者の高田孝典氏に深甚なる謝意を申し上げる。出版社の故中藤政文前会長には、出版をお願いした当初から（令和二年七月）、ご理解と特別な配慮をいただいた。担当の中藤順子氏はこまめに連絡をとっていただいた。校正を丁寧に、特に脚注を整理、文献の正確な情報を提示して、本の体裁をうつくしく魅力的につくっていただいた。

笹森建英

令和三年三月

著者略歴

笹森　建英（ささもり　たけふさ）

略歴

青森県弘前市出身
早稲田大学文学部哲学科卒業
マンハッタン音楽院 修士（作曲）
ハワイ大学音楽部 修士（民族音楽学）

職歴

元弘前大学教育学部教授
元青森県文化財保護審議委員
弘前学院客員教授

著書

『津軽箏曲郁田流の研究』（津軽書房）共著
「芸能と音楽」（工藤睦男編『大畑町史』大畑町役場）
「巫覡と音・音楽」（福田晃編『巫覡・盲僧の伝承世界』三弥井書店）
「縄文琴に関連する研究」（鈴木克彦編『縄文琴の研究』弘前学院大学）
『つがる音の泉』（弘前学院大学）

津軽《つがる》のイタコ

令和三年三月二十二日　印刷
令和三年四月　十六日　発行

※定価はカバー等に表示してあります。

著　者　笹森建英
発行者　中藤正道
発行所　㈱錦正社
〒一六二―〇〇四一
東京都新宿区早稲田鶴巻町五四四―六
電　話　〇三（五二六一）二八九一
FAX　〇三（五二六一）二八九二
URL　https://kinseisha.jp/
印刷　㈱平河工業社
製本　㈱ブロケード

ISBN978-4-7646-0143-7